善行教育：
让爱与善传递下去

王海墘 著

中国传媒大学出版社
·北京·

图书在版编目（CIP）数据

善行教育：让爱与善传递下去 / 王海塨著． -- 北京：中国传媒大学出版社，2023.12
ISBN 978-7-5657-3538-7

Ⅰ．①善… Ⅱ．①王… Ⅲ．①中小学－教师－教育工作－研究 Ⅳ．① G635.1

中国国家版本馆CIP数据核字（2024）第 008135 号

善行教育：让爱与善传递下去
SHANXING JIAOYU: RANG AIYUSHAN CHUANDI XIAQU

著　　者	王海塨
责任编辑	王硕
责任印制	李志鹏
封面设计	张梦琴
出版发行	中国传媒大学出版社
社　　址	北京市朝阳区定福庄东街1号　　邮　编　100024
电　　话	86-10-65450532　65450528　　传　真　65779405
网　　址	http://cucp.cuc.edu.cn
经　　销	全国新华书店
印　　刷	北京联合互通彩色印刷有限公司
开　　本	710mm×1000mm　1/16
印　　张	14.75
字　　数	157 千字
版　　次	2024 年 3 月第 1 版
印　　次	2024 年 3 月第 1 次印刷
书　　号	ISBN 978-7-5657-3538-7/G·3538　　定　价　65.00 元

本社法律顾问：北京嘉润律师事务所　郭建平

序：真、悟、善、慧，一位好校长的一本好书

我手边放着一本书，名为《善行教育——让爱与善传递下去》。作者叫王海埮，是一位中学校长。我们假如要了解作者，不妨读读他的自序，可谓情真意切，拳拳之心，溢于言表，颇为感人。凡"真"字，我都喜欢，真情、真心，乃真人。作者自序是一篇真文，我很喜欢。

这本书的第一个字是真。校长记载的事，都是真事。一般校长遇到这些事都不当一回事，可王校长特别上心，把这个当成了大事。他会想、会反思、总结、去伪存真、提炼、升华。

这本书的第二个字是悟。王校长的悟并不是泛泛之悟，是人生之悟，从一草一木、一人一事，悟到人生本质。他说："取号'凡泥'，意为如平凡的泥土，一生平淡，无所求也无所争，时为和稀泥，时为泥巴块，也黏也硬。不怕踩，被踩就粘着走；不怕晒，被晒就硬如石或碎为尘；不怕水，被渗水就水土交融不分离。亦柔亦刚，任何环境皆可生存。

"想凡泥塑观音，慈悲为怀，大爱之心，人人景仰，亦自心灵寄托，有求必应；也想凡泥塑僧钵，能为他人托钵求食，为他人盛水解渴，虽算不上高雅，此也慈悲。

"菩萨高居佛龛，僧钵藏于榻下，凡泥塑观音塑僧钵唯其本性未改。心中有佛，装菩萨装僧钵皆能成佛。"

文字中的佛心，源于人本身的佛心。现在的社会太过于浮躁了，小问题就会衍生出很多大问题。人太浮躁了，就会想要功名，想要更多的身外之物，一时而不得就会焦虑，焦虑久了，心态就会变坏。

王校长有着丰富的工作经历，作为一个教育工作者、一个校长，其可贵之处就是初心不变，持之以恒。

这本书的第三个字是善。善与真是相联系的。因为他真，才能生出悟。王校长说："教育之人何尝不是如泥平凡，如泥高尚，也塑菩萨也塑僧钵，只要静心、善心，必能静中生慧、善己善人、成己成人，虽不敢奢求立德立言立功，却祈愿以善德善言善行之心立于天地之间。"这就是他的善所呈现出来的真谛。

我还是以"凡泥"为喻，诠释王校长的善。同样字里行间洋溢的善意，首先在于人之善。一个教育工作者有善做底色，何其珍贵。王校长以《善行教育——让爱与善传递下去》为书名，是有深意的。他走过不少学校，最近五年，他在晋江市英林中学做校长。在这所学校，他用几十年的教育与管理历练的积淀，倡导与践行他的善行教育。

善行是这本书的魂，也是支撑学校，支撑王校长教育体系的基石。要读懂本书，应该从善行教育入手，学校的日常状态都在其中。读懂了这本书，就了解了王校长的思想、情怀、担当。了解了王校长，也就理解了英林中学的孜孜追求。因为这所学校是晋江教育的缩影，或者说，是中国基础教育的一部基层发展史。

真生出了悟，二者是进行善行教育的前提。那么，善又生出了什么呢？读了本书，我们会看到无论是学校制度建设、校园文化氛

序：真、悟、善、慧，一位好校长的一本好书

围营造，还是教师队伍锤炼、课堂课程改革，都充满着智慧。所以，我认为善生成了慧。可以说，善行教育是充满教育智慧的教育。

这本书的第四个字是慧。如何从顶层设计入手，如何一以贯之地落实到师生与日常教育教学管理之中，都有一双慧眼睁着、盯着。大至影响学校生存发展的规划等大事，小至改变教育教学管理过程中的小细节，说明践行善行教育是个系统工程。

我熟悉英林中学。我先后有郭副校长、李副校长两位徒弟在那里当校长助手，当年他俩曾到苏州十中挂职、跟岗。我通过他俩所了解的英林中学，与我在这本书中读到的完全一样。可见，这本书很真实。

我与王校长是朋友。他曾经被晋江市教育局派去福州一中挂职、跟岗。福州一中的校长是李迅先生，李迅先生是一位有思想、有情怀、有担当的人，难怪王校长身上有李迅先生的影子。我与李迅先生结识于某次"校长研究班"，我们是同学，王校长私下称我为师伯，我很荣幸，也很惭愧。惭愧之余，也很乐意为本书作序。

"真""悟""善""慧"，可以概括这本书的特点。书如其人，因而这四个字也能概括王校长，以及王校长带领大家一路发展的学校。真生悟，善生慧，相互之间交融。王校长为人处事，可谓已达圆融的境界，说他是好校长，名副其实。他是我们学习的榜样。

柳袁照

2023年11月

自序

我才疏学浅，却阴差阳错地当了二十八年中学校长，曾先后在六所学校任职。各学校校情不一，有的学校师生不到五百人，有的学校师生高峰时近五千人；我也曾同时兼任过两所中学的校长，也曾虚名客座教授、泉州名校长。我只想做个纯粹的乡镇教育工作者。

我偶尔会写些小文，只为自得其乐，在平凡生活中聊以慰藉。

读师专时，我曾取笔名为奋生，意为奋斗才能生存，奋斗才是生活，颇为励志。后又取号凡泥，意为平凡的泥土，一生平淡，无所求也无所争，时为和稀泥，时为泥巴块。不怕踩，被踩就粘着走；不怕晒，被晒就硬如石或碎为尘；不怕水，被渗水就水土交融不分离。亦柔亦刚，任何环境下皆可生存。

教育之人何尝不是如泥平凡，如泥高尚，既塑菩萨，也塑僧钵。只要静心、善心，必能静中生慧、善己善人、成己成人，虽不敢奢求立德、立言、立功，却祈愿以善德、善言、善行之心立于天地之间。

谨以《善行教育——让爱与善传递下去》为本书命名，愿用善念感怀逝去的光阴，也借此坚定善行于教育的人生。

王海墘

2023 年 10 月

目 录

第一章 善行教育的内涵——以英林中学实施为例 /001
何为善行教育 /003

善行教育的实施策略 /017

善行教育的实施保障 /025

附：善行教育实施的制度三种保障范例 /029

"善待自己善行天下"——善行教育的课程范例 /041

第二章 善行教育理念下的教师成长 /055
至善至雅，做一个儒雅的教师 /057

善的基础——做一个幸福的教师 /067

"善行教育"的优秀教师：让学生喜欢你的课 /075

老师的善念，影响着孩子的一生 /081

第三章 基于善行教育的生命思考 /085
教育对生命的点化 /087

爱与善是可以传递的 /093

生命教育的第一责任人——家长 /099
纤手扶行慈母心，启蒙升智始登程 /105
生命的善意——父母传递给孩子的精神价值 /111

第四章 以善行教育观润泽生命——致学生们 /119

有实力才有魅力 /121

做优秀的自己 /127

上大学阔世界 善行天下 /133

方向·心态·习惯，成就优秀的自己 /139

磨难成就英雄 /145

成为有理想、有本领、有担当的好学生 /151

假期的这10道菜，你会做几道？ /157

理想 担当 奋进，成年人该有的样子 /163

以善的名义出发 /169

坦然迎战 勇敢"韧战" /175

赠你九个字，助你圆梦高考 /181

磨炼自己，以善行天下 /187

附：师者眼中的善行教育 /191

后记：从教35载，善行弥坚定 /216

第一章 善行教育的内涵——以英林中学实施为例

第一章 善行教育的内涵——以英林中学实施为例

本章主要从善行教育的提出背景与依据、体系与架构、制度与保障等方面阐述为什么要践行善行教育，如何从顶层设计入手，将方法一以贯之地落实到师生与日常教育教学管理中。在大至影响学校生存发展，小至教育教学管理过程涉及的细微活动中，说明践行善行教育是个庞大的系统工程，要以建构主义思想为指导，从宏观到微观的全方位予以实施。

何为善行教育

一、善行教育思想的提出背景

英林中学坐落于中国服装名镇、排球之乡，素有人才摇篮之称的晋江市英林镇镇区，1960年由菲律宾华侨发起创办。自办学以来，学校以"严勤诚毅"为校训，在教育领域不断实践、探索着教育规律，逐渐形成了自己独特的办学风格和特色。但其仍有不足之处，在如何深化社会主义核心价值观的培养，如何从物质文化、制度文化、行为文化、课程文化、精神文化、校友文化等方面丰富校园文化建设，并引导师生知善、思善、发善、扬善、行善和回馈社会上尚需深化。

在机遇、挑战并存的时代背景中，我们梳理了当下学校教育最应解决的问题，从学生、教师、家长、教学、教育、课程、科研、文化、管理、评价等方面予以反思，并在教师、学生群体中进行广泛调研，经过教职工、家长、校友等反复交流、多次思想碰撞，最终达成共识，确立以"点燃颗颗英中心 成全济济英中才"为办学理念，以善明心、以善育才、培育善才，形成"善待自己，善行天下"为培养目标的善行教育思想。

二、善行教育思想的制定依据

党的二十大报告强调，要加快建设教育强国、科技强国、人才强国。体现了党对教育、科技、人才事业的新认识，要求广大教育工作者不断探寻和创新教育理念，探索适合国情和校情的教育发展策略。基于此，英林中学在实践中进行善行教育探索，致力于构建以善行教育为核心的校园文化。

什么是善？在名家理论中可以找到依据。

《说文》中指出，"善，吉也。从言，从羊。此与义美同意"；《孟子·尽心上》则提出，"穷则独善其身，达则兼济天下。"从群体角度看，善是自觉使自己归于智慧、平和，以实现自我圆满；从群体角度看，善是友好、施予、相助，在利他中实现共乐。作为教育工作者，我们该如何获取教育的善果？从战国时期，就有儒家学派代表人物荀子的人性本恶论和孟子的人性本善论，荀子和孟子的政治目标是一致的，即要达到社会的和谐，都主张用人心中的善来净化社会；二人的分歧在于荀子主张用外力惩恶扬善，孟子认为应用人们内在的自觉性离恶向善。

第一章 善行教育的内涵——以英林中学实施为例

王阳明在《传习录》中强调,"无善无恶心之体,有善有恶意之动。知善知恶是良知,为善去恶是格物。"恶与善只是一念之差,所以我们工作应内外结合,即实现自觉自醒和外力引导相结合,实现人人致良知、共向善的结果。而所谓的善行,是在善的思想主导下自觉地呈现出的高尚的精神、良好的善习、强大的善能、利他的义行、助人的善举等。

雅斯贝尔斯在《什么是教育》中明确提出,"教育就是一棵树摇动一棵树,一朵云推动一朵云,一个灵魂唤醒另一个灵魂。"长期实践表明,教育绝不等于管教、调教、说教,教育更不是填鸭式的灌输知识,良好的教育应该是唤醒人性、发展人格、成全人生;而唤醒人性中善的内涵,是取得良好教育的思想前提。

什么是善?可以在当地实际中找到依据。

《英林洪氏族谱》记载,明末清初抗清名将郑成功部属洪天福带兵至此,见山势险要,便据山林抗清,一时英雄云集,勇士林立。为纪念举义之地,后人以"英林"二字借代地名。作为英林的文化高地,英林中学自然传续着这一文化基因,继承和发展着英林人兼善天下的精神特质。

在这一特质的浸润下,1959年成立了英林中学董事会,1985年又成立了校友总会。历届董事会、校友会积极活动于社会各个领域,团结发动海内外乡贤、校友及社会各界热心人士捐资办学,校园内建筑均由校友们捐建。此外,还设立了各种教育基金会以助力学校发展。董事会、校友会兴庠振铎之义,造福桑梓之举,激励历代英林人,成为学校师生善行义举的"活"教材,也成为我们推行善行教育的动力源泉。

回望改革开放后英林镇的发展历程，无论是老一辈创业先锋，还是新生代企业精英，淳朴的"乌篮"情怀与浓厚的家乡情结深深根植在数代英林人的血脉中，而重情厚义、大气包容、家国情怀已成为英林人的气质和名片，更成为英林人敦厚尚德、善行天下的共同品质。2016年，英林镇党委、政府和社会各界倡议成立了集"教育、慈善、强村、敬老、生态"五位于一体的晋江市英林心公益慈善基金会，已筹集善款已超3亿元，利他的慈善心如条条情丝牵结着全球每个角落的英林心，并实现着达则兼济世界的壮举，形成"小英林，世界心"的人性扬善的美丽风景线。

什么是善？可以在教育规律中找到依据。

"二主律"指出，在教和学的统一活动中，教师在教学过程中起主导作用，引导学生去认识和发展；学生是学习的主体。教师的主导作用和学生的主体地位是辩证统一的关系。主导是对主体的主导，而主体却是主导下的主体。因此，只有主导与主体互相作用，把教师的外力与学生的能力结合起来，把教师的善能与学生的善性结合起来，才能使教育发挥最佳效果。

"发展律"指出，在教学过程中，教师和学生共同活动，使学生在智力、体力、审美能力、劳动能力，以及情感、意志、个性心理品质等方面都得到发展。如《礼记·大学》所讲："物格而后知至，知至而后意诚，意诚而后心正，心正而后身修，身修而后家齐，家齐而后国治，国治而后天下平。"这说明只有先学会善待自己，才能更好地善行天下。

"育人律"指出，在教学过程中，客观存在着对学生思想方面的教育和影响，也就是说，在教师传授知识和学生掌握知识的同时，总是对学生的思想感情、立场观点、意志性格、道德品质等方面施加一定的影响，使学生接受品德和思想教育。对学生的教育是综合性的，不仅是知识的传递，更重要的让学生身心健康、品德向善，以实现美好的人生，止于至善。因此，我们要给不同的个体提供更多的适合的选择，因材施教，从不同的角度去点燃学生内在的善心，增强更全面的善能，培育不同类型的合格人才，为建设有中国特色社会主义、实现中华民族的伟大复兴而奋斗。

由上观之，"善待自己，善行天下"是传统文化在新的历史条件下的传承与回归，需要我们加以融合创新、丰富发展。它是一种合作利他的团队精神，是一种推己及人的博爱精神，是一种海纳百川的包容精神，是一种和而不同的开放精神，是一种自强不息的奋斗精神。扎根在中国大地上，立足传统，着眼未来，构建起充满生机活力、爱心善意的"善行教育"体系，将有力地推动育人模式的新旧动能转化，实现学生全面且有个性的良性发展。

三、善行教育思想的丰富内容

美国教育心理学家杰罗姆·布鲁纳（Jerome Seymour Bruner）说："教师不仅是知识的传播者，而且是模范。"善行教育追求以人为本、和谐发展，致力于培养至善教师与善品学子。只有确立了科学合理的目标，才能使行为向既定的美好方向前进。因此，要根据善行教育的要求，确立包含校园文化、办学机制、队伍建设和学生培养在内的善行教育办学目标，能够让全校师生都能为善行目标的实现而不懈追求，合力形成善行教育的强大动能。

以书香润心向善，构建"温馨智慧 书香韵味"的英林中学校园文化。使英林中学校园具备"美丽、绿色、整洁、智能、书香、安全、有序、温馨、活力、快乐"等特质的书香校园，增强学校软实力，在继续保持省级文明校园的基础上，争创国家级文明校园。

以服务扬善行善，完善"民主科学 有序高效"的办学机制。使英林中学具备"民主、科学、依法、规范、榜样、多元、服务、协作、有序、高效"等特质的办学机制。用充满善心的人性化管理，达到以善制导善果的目的。

以强师扬善行善，打造"仁智兼备 幸福高雅"的师资队伍。实施善行教育目标的前提是铸就一支拥有"仁智兼备 幸福高雅"品质的善能教师队伍。他们能研读教育名著，能指导学生生涯规划，能组织综合实践活动，能开展课题研究，能撰写论文案例，能开发校本课程，能上好课评好课，能运用信息技术手段，能带学生社团，能培养得意学生。

作为英林中学的教师，应该具有"勇追梦、善规划、喜阅读、有智慧、懂育人、心态好、学生爱、同行尊、生活美、家庭和"等特质。唯有如此，才能用教师的善举引导出学生的善德与善能。

以育生扬善行善，培养"善待自己 善行天下"的英林中学学子。实施善行教育的最终目的是培养学生备善心、说善言、行善举，做大气儒雅的优秀少年。英林中学围绕善行教育，从小处着眼，从细节入手，将善行教育渗透于常规的德育活动、团队活动中，努力打造学校德育工作特色品牌。每年举办"十佳百优"学生综合素质评选,由学生自荐或举荐符合"十佳百优"学生综合素质评选标准的候选人,配合平时事迹审核、现场演讲比赛、周边师生访谈等活动的开展,让学生自觉、主动地将日常行为与善行要求一一对照,将善行教育特色落实到日常的学习生活中,通过身边榜样传播善行的行为和精神,促发学生内心深处的人性之善。

英林中学学子应该具备"懂感恩、坚信念、善合作、敢担当、能自理、健心体、会学习、强技能、扬志趣、有作为"等多种特质。

总之,善是人性之本。善行教育能在师生中更好地诠释"大爱无疆"的含义,它不仅是继承传统的人性之善的有效途径,更是弘扬中华优秀传统文化的有力武器。作为学校的管理者,应该认识到善行教育的重要性,确立善行办学的目标,并基于此确立校训、管理体系、课程体系、保障体系和激励体为主体的办学体系,积极推进善行教育,做到知善行善、止于至善,打造美好的善行校园。

四、善行教育思想的体系构建

以善行管理体系为基础。管理是学校教育教学等一切活动顺利高效开展的基础,善行教育办学体系的建立也需要以善行管理体系的确立为基础,使之更加牢固和稳定。

英林中学落实"4321"科学管理机制,即落实四个系统(党组织领导决策系统、校务会动议执行系统、教代会民主管理系统、纪检组监督运行系统),构建三个体系(善行教育课程体系、保障体系、激励体系),落实两项管理(目标管理、可视化管理),建设一个平台(智慧校园平台),实现学校管理的民主科学、有序高效、健康发展。制定或修订《英林中学章程》《英林中学管理制度》,聘请法律顾问,着力构建人文文化与制度性相结合的善行教育管理体制。

以善行课程体系为核心。教育教学是学校办学的核心,课程是学校教育教学活动开展的重要载体,要推行善行教育的办学体系,必须要挖掘教材中的善行教育内涵,开发善行校本课程体系,并以两者为核心,通过善行校本课程体系建设使每一位学生都能真正理解善、弘扬善。

学校围绕打好人生的底色,从会自理、健身心、重学习、强技能、扬志趣等方面开发善行教育校本基础课程,让学生学会善待自己。例如,让学生会自理的生活类课程、学生自主管理课程、健身心的体育类课程、心理与规划课程、强技能的通用技术课程、信息技术课程、扬志趣的活动课程、使学生重学习的学科课程、实践课程和阅读课程,让每一个学生都深挖内心的善,学会善待自己,从基础课程中获取更多善的知识与文化,为丰富自己、完善人生打下良好基础。

学校围绕做有作为的人展开,从懂感恩、坚信念、善合作、敢担当、有创新等方面开发和建设善行教育校本拓展课程,让学生懂得善行天下。例如,使学生更加坚信社会主义核心价值观课程、主体教育课程、人生规划课程,让学生善于合作的社团课程、综合实践课程,让学生更加懂得感恩的恩泽课程、传统文化课程、孝道课程,使学生更加敢于担当的责任教育课程。

当然还有提高学生创新与实验能力的一系列探究课程,如,创客课程、数字课程等,这样才能丰富善行教育的舞台,通过这一舞台让善行教育渗透到每个学生学习的每一个角落,让光照进每个学生的内心世界。在拓展学生的知识储备的同时，也能够丰富学生的善文化内涵（如图1-1所示）。

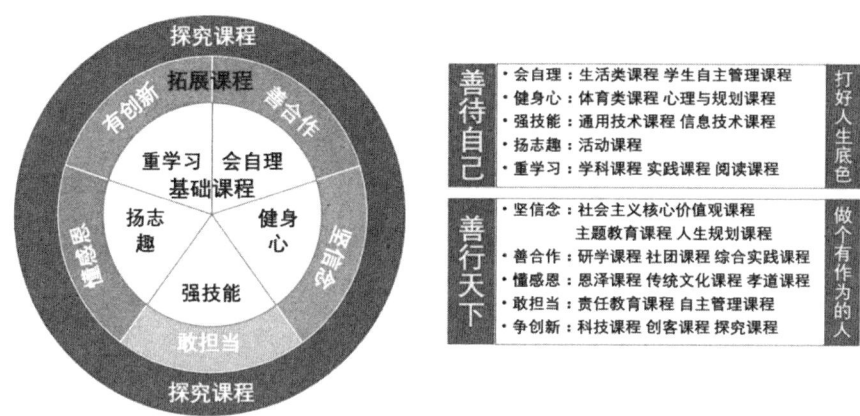

图1-1 善行教育课程体系框架

以善行保障体系为关键。校园的物质环境和精神环境是教学活动顺利开展、学生高效学习的保障和关键，善行教育办学体系的确立更需要善行保障体系的运行，这样才能使善行课程体系与管理体系的构建更加科学、高效。

学校以善行教育理念为基础，以善行办学目标为中心来优化学校的各种硬件和软件设施、物质环境与精神环境，确立以善行校园文化、善行智能管理、善行档案与展馆、善行硬件设施、善行安全管理、善行教育合作在内的全面的善行保障体系，既符合现代化教育的发展趋势，又符合善行教育目标的基本要求。从而使得善行教育理念渗透到学校教学、管理、运行的方方面面，为善行教育办学体系提供强有力保障。

以善行激励体系为保障。激励应该成为学校教学和管理中提高教师教育教学积极性、激发学生学习动力的重要途径。因此，善行教育办学体系中,激励必不可少。

学校从教师与学生两个方面来建立激励机制,从而形成完整、全面的善行激励体系。一方面,建立情感激励、绩效激励、价值激励与文化激励在内的善行教师激励机制,给予教师物质与精神方面的双重激励,提高教师的工作热情和主动性,从而更加自觉主动地推进善行教育,保障善行教育办学体系的顺利构建;另一方面,建立创优争星、综合素质评价与榜样激励在内的善行学生激励评价机制,既能够对学生展开全面、客观、科学的评价,促进学生的个性化发展,又能通过有效激励增强学生学习与善行的动力。

五、善行教育思想的实施成效

英林中学自实施善行教育以来,办学理念与目标得到学生、家长的一致认可,"读英中、上大学、闯世界、善待自己、善行天下"已然成为英林中学精神文化的标签。不论什么身份还是什么岗位,大家能更专注地做善的事情、讲善的故事,感人的平凡善事不断涌现。雨天时,门岗为下车的学生撑伞,清洁工积极清理淤积水沟;中高考时,老师背着脚伤的学生上考场;学生庆生时,学生与家长把节约下来的钱捐给学校购买设备……

"15千米'向大学出发'的徒步研学","青春心向党 建功新时代"的主题文娱演出,均体现着合作、利他的善行内涵。师生校友专家的分享会,别开生面的动员会与表彰会,教师外出的研学活动,均发挥着善行教育伙伴促进的效能。心理调适课、生涯规划课、青春期领航讲座、安全教育与演练等生命教育活动,均显着善爱的关怀。线上线下的成长记录袋、评优评先而产生的榜样激励、别开生面的社团活动，均展示着善行教育的潜在力量。善行无不令人激昂斗志，无不让师生更加清醒的认识自我、战胜自我、善待自我。

学校鼓励人人皆为志愿者，仅通过志愿汇App注册的志愿者师生就有一千八百八十一人，并且形成以班级—年段—学校为单位的志愿服务队、以社团为单位的青年志愿服务协会、以党员教师为主的教师服务队，以三线结合的方式进行志愿服务。每年开展跳蚤市场和义卖活动，善款用于微公益、捐献等。学校成立红十字会英林中学分会，参与市红十字会诸多活动。

因善行教育的影响，学校获得多项集体与个人的荣誉，教学成绩得到大幅提升；师生相互问好、礼让蔚然成风。学校三人行则排成队的团队意识、学校不设垃圾桶的文明常规已经成为良好习惯。

总之，善行教育是对中华优秀传统文化的延续，也是对课程改革和素质教育的有效落实。英林中学要践行善行教育，在善行教育的办学之路上栉沐风雨，弦歌不辍，全力为学生的身心健康发展奠定基石，为教师的幸福成长谋划，使全校师生都能够知善、思善、扬善、行善。

第一章 善行教育的内涵 —— 以英林中学实施为例

> **善行教育经典语录**
>
> 　　善行，就是要敏行善行与行善。"君子讷于言而胜于行"，一切脱离实际行动的语言、梦想、计划与方案都是空话，纸上谈兵只能误己误人，行动才能证明优秀。
>
> 　　　　　　　　　　　　　　　　　　　　　　—— 王海墘

第一章　善行教育的内涵——以英林中学实施为例

善行教育的实施策略

一、五个"必须"确保善行教育不虚空

办学思想应具备普适性与个体性并存的原则。普适性即教育都应秉承的思想，个体性即特定学校在特定时期的特定思想。因此，学校在制定办学思想时，要做到五个"必须"。

必须以党和国家教育方针为方向。善行教育正是在"立德树人，培养德智体美劳的社会主义建设者和接班人"为核心的党和国家教育方针的指引下而制定的。

必须以符合教育规律为前提。教育受社会发展规律的制约并为社会发展服务，教育受人的发展规律的制约并为人的发展服务。教育活动体现着这两个基本规律的矛盾与统一，违背这两个基本规律的办学思想，是纸上谈兵、空中楼阁、拔苗助长，会适得其反。

必须以学校和乡土文化为土壤。脱离学校与当地的文化基因的办学思想，会成无根之苗，不能生根发芽、开花结果，更多时候会受排斥而难以实施。

比如英林中学，就系华侨发起创办，淳朴的"乌篮"情怀深深根植在数代英林人的血脉中，重情厚义、大气包容、家国情怀已成为英林人的气质名片。英林心公益慈善基金会积极筹集善款，利他的慈善心如条条情丝牵系着全球各个角落的英林心,并实现着"达则兼济天下"的壮举,以实际行动把爱与善良传递下去。英林中学就继承和发展了英林人"兼善天下"的文化基因。

必须传承中华优秀文化。以"家国情怀、仁民爱物、刚柔相济、包容谦让、共赢共荣"等要素构成的中华文化源远流长,博大精深,自然得加以弘扬与传承。

必须以师生思想认同为基础。没有调查研究就没有发言权,没有师生广泛参与,没有人人皆知的办学思想,便犹如闭门造车,没有生命力,传递与实施都寸步难行。

二、四项目标确保善行教育有内涵

办学思想必须简明扼要,具体内容包括办学理念、校训、办学特色,应体现校园建设、机制运行、师资培养、学生培养四大目标。

善行教育以"点燃颗颗英中心,成全济济英中才"为办学理念,以"严勤诚毅"为校训,以"体艺双馨,和谐发展"为办学特色,以构建"温馨智慧 书香韵味"的英林中学校园文化,打造"仁智兼备 幸福高雅"的教师队伍,培养"善待自己 善行天下"的英林中学学生为办学目标,引导师生"知善、思善、扬善、行善"。

三、六个体系确保善行教育有推手

1. 善行管理体系

有科学、合理、具有现代特征的运行机制,才能让办学思想得以顺利推行。

英林中学落实"4321"科学管理机制,着力构建文化与制度性相结合的管理体制,实现管理的民主科学、有序高效、健康发展。

实施善行特色党建。落实教师"善行十个一",推动党建文化带动校园文化,推行微统建(与非公企业结对子共建,带动校内民主党派党员共推学校发展)。

强化目标层级管理。推进教育教学目标管理,做好中长期发展规划,精细到月、周、日、工作目标,以团队合作打好目标,打好攻坚战。同时,还要通过教学质量测评促进教学配合与良性竞争。

做好中层干部的任期选聘工作,落实一肩双责、分层负责,做到权责明确、执行积极、协作有方。以年段管理小组为核心的年段管理方式,以初高中为一体、以学科为重心的教研管理方式,发挥年段(教研组)管理的积极作用。

2. 善行课程体系

课程领导力是校长领导力的重要组成部分,是学校教育教学活动的重要载体,实现办学思想的重要阵地。

英林中学以开发善行校本课程体系为核心,先点燃,后成全,使每一位学生真正理解善、弘扬善,让学生在基础课程中学会善待自己,打好人生底色;让学生在拓展课程中学会善行天下,做个有作为的人。

围绕"会自理、健身心、重学习、强技能、扬志趣"等方面来开发建设基础课程。例如,开设生活类课程、学生自主管理课程、体育类课程、心理与规划课程、通用技术课程、信息技术课程、活动课程、实践课程、阅读课程等。

围绕"懂感恩、坚信念、善合作、敢担当、有创新"等方面开发建设拓展课程。例如,开设社会主义核心价值观课程、人生规划课程、社团课程、综合实践课程、恩泽课程、传统文化课程、责任教育课程、创客课程、数字课程等。

3. 善行后勤体系

后勤体系完善，才能更加科学、高效地构建、推行办学思想，高效地促进教学活动。英林中学优化软硬件设施，推进智能管理、建设档案展馆、加强安全管理、构建后勤体系，既符合现代化教育的发展趋势，又符合实现善行教育目标的基本要求，为善行教育提供了无处不在的服务保障。

4. 善行激励体系

激励是提高师生积极性、激发师生动力的重要途径。一是建立绩效激励、价值激励、文化激励为一体的教师激励机制，提高教师的工作热情和主动性；二是建立创优争星、综合素质评价与榜样激励为一体的激励评价机制，既能够开展全面、客观、科学的评价，促进个性化发展，又能增强学生学习与善行的动力。

5. 善行社会体系

"调适外部环境"很考验校长的沟通协调领导力，能让党委政府、乡贤、校友为学校排忧解难、出谋划策、兴教助学，是学校发展进步的重要保障。我们是这么做的：一是力争各级党委政府及各部门的领导与支持，这是最基础、最重要的社会力量；二是力争海内外乡贤校友、社会组织的关心与支持，学校组建校董会、校友会、教育发展基金会，得到海内外商会、英林心慈善基金会的认同与支持；三是力争家长们的支持认同。通过家长学校、家长委员会，开展亲子活动，引导家长进教室听课、现身说法、参与学校活动，面对孩子的问题能理性沟通寻找有效的解决途径。如此一来，学校、家庭、社会三位一体，形成合力，一起培养"善待自己 善行天下"的学生。

6. 善行智慧平台

不能顺应大时代变革的教育是滞后的，也是违背教育基本规律的。智慧教育是发展趋势，智慧领导力是新型校长所应具备的领导力。

学校完善智慧校园软硬件设施设备，研制开发校本智慧平台、网络资源空间、信息数据库；推进信息技术与学科教学的融合，建立质量反馈与帮扶机制；实现智慧教室和电子阅览一体化，图书馆管理网络化；建设校舍安全工程、财务财产管理、网上报修、明厨亮灶等后勤管理系统；与东北师大智慧教学研究团队合作，推行智慧教学。

四、宣讲故事确保善行教育有载体

《山海经》及神话传说，是中国文化精神的具象化、可视化内容，这些故事历经几千年，老少皆宜，不分男女，不分民族，也不论文化程度，人人皆知。由此可见，办学思要得到更好的传播，要想深入民心，就要捕捉讲好校园内外的善行故事。

一是校长要善于在不同的场合发现、撰写、讲述真实、生动的善行故事，随手拍的图片、捕捉到的师生的言行，都是好故事的源泉。

二是发动老师写"我与我身边的善行故事"，组织整理、汇编分享，让老师成为善行教育的传播者与实践者。

三是发动学生写"我与我身边的善行故事"，围绕热点话题，让学生设身处地地写，这样的故事最是精彩。

四是发动家长、校友、乡贤来讲善行故事，如英林心大讲堂、校友讲堂、家长学校,请众多家长、校友、乡贤来讲他们的善行故事。

五、善行教育收获满满

在地处乡镇、外来打工子女占比达到53%的英林中学，近三年来获得"福建省首届文明校园"等十多个省级以上荣誉称号，教师发表CN级论文一百八十七篇，省级课题研究项目八个，省级获奖上百人次，高考本科上线率逼近90%。男子排球队全国中学生排球联赛中曾获第二名，其中柯俊煌校友成为国家男子排球队的一员；中长跑队在各级赛事中多次夺得冠军；合唱队曾获福建省歌咏比赛高中组一等奖。

相信未来英林中学在践行善行教育的道路上会越走越远，越来越好。

第一章 善行教育的内涵 —— 以英林中学实施为例

> **善行教育经典语录**
>
> 　　环境会改变人，环境文化更会改变人。于是有"孟母三迁"择境而居的故事，有"久居鲍鱼之室不知其臭"的名言，有"生于南为橘，生于北为枳，叶徒相似，其实味不同"的哲理。
>
> 　　　　　　　　　　　　　　　　　　　　——王海墘

善行教育的实施保障

我们一直以"点燃颗颗英中心,成全济济英中才"为办学理念,以"严勤诚毅"为校训,以"体艺双馨,和谐发展"为办学特色。以构建"温馨智慧 书香韵味"的英林中学校园文化,打造"仁智兼备 幸福高雅"的教师队伍,培养"善待自己 善行天下"的英中学生为办学目标,不断实践、探索着教育规律,逐渐形成自己独特的办学风格和特色,引导师生知善、思善、扬善、行善,培养德智体美全面发展的社会主义建设者和接班人。

英林中学实行"4321"管理机制,完善善行教育体系。王阳明认为:"无善无恶心之体,有善有恶意之动。知善知恶是良知,为善去恶是格物。"恶与善只是一念之差,所以我们工作应当用内外结合的方式,即实现自觉自醒和外力引导相结合,实现人人致良知、共向善。

学校着力构建文化与制度性相结合的善行教育管理体制,实现学校管理的民主、科学、有序、高效、健康发展。

一、以善行管理体系为基础

管理是学校教育教学等一切活动顺利高效开展的基础,善行教育办学体系的建立也需要以善行管理体系的确立为基础,才能更加牢固和稳定。

强化党建，保证发展。深化学校党建工作，推行"156"党建工作机制，落实"三会一课"制度、党员"三诺"制度、英林中学党员教师"十个一"，推进"两学一做"学习教育常态化制度化；加强党风廉政建设，营造风清气正高地；实施"善行"特色党建，推动党建文化带动校园文化，推行微统建（与非公企业结对子共建，带动校内民主党派党员共推学校发展）。英林中学2018年获得晋江市教育系统机关（学校）党建调研课题评选三等奖，党建绩效考评位居完中校前列。

善行教育，统领发展。英林中学秉承"严勤诚毅"的校训，落实"点燃颗颗英中心，成全济济英中才"的办学理念，构建温馨智慧书香韵味的校园生态。完善民主科学有序高效的办学机制，打造"智仁兼备，幸福高雅"的教师队伍，培养"善待自己，善行天下"的英林中学学生，培育体艺双馨和谐发展的办学特色。实行"4321"科学管理机制，采用以年段管理小组为核心、综合管理的年段管理方式，以初高中为一体、以学科为重心的教研管理方式，发挥年段（教研组）在教育教学管理中的积极作用。

民主决策，共同发展。英林中学定期召开教代会，群策群力，讨论学校发展规划、年度计划、财务预结算执行情况，决定关系学校发展、师生切身利益的重大制度和决策。设立校长接待日、校长信箱，认真听取师生、家长、校友和退休教师的意见和建议，坚持集体议事，推行校务党务公开制度、民主测评制度、校务委员会、党支部会议、教职工例会通报制度，接受校内外监督，让学校行政

第一章　善行教育的内涵——以英林中学实施为例

权利公开透明运行，增强教职工积极性，获取社会的关心支持。

目标激励，推进发展。英林中学积极推进教育教学目标管理，做好中长期发展规划，精细到每周工作目标，为实现各层级、各阶段的目标而打好团队战。制定《英林中学教学质量测评制度》，借助智学网平台实时掌握教学质量情况，并建立质量反馈与帮扶机制，增强备课组、班组团队意识，促进教学配合和竞争。

做好中层干部的任期选聘工作，落实一肩双责、分层负责，做到权责明确、执行积极、协作有方。完善岗位聘任制、绩效激励工资制（量化工资、季度绩效、班主任绩效）、制定《英林中学教育发展基金会奖教奖学方案》《英林中学"樟香"名师奖励规定》《英林心公益慈善基金会奖教方案》，努力提高学校教职员工的职业地位、经济地位和社会地位。落实《晋江市名师管理考核制度》，创设英林中学青年教师业务考核平台，鼓励教师参加一师一优课、基本技能竞赛、教坛新秀、校级骨干等评选活动，让教师的努力得到肯定，激发教师的工作热情，有效提高教师业务能力和教育教学水平。

智慧平台，助力发展。学校不断添置、完善智慧校园软硬件设施设备，建立智慧校园平台、网络资源空间、信息数据库，加速信息技术与学科教学的融合。与多种网络管理机构合作：运用省教育资源平台、校讯通、通达OA社区服务系统，逐步推进无纸化办公管理；与淘云（厦门）网络科技有限公司合作，研制开发符合我校的综合管理平台；依托智学网建立质量反馈与帮扶机制；实现智慧教室和电子阅览室一体化，图书馆管理网络化；建设中小学校舍安全工程、财务财产、网上报修、明厨亮灶等后勤管理系统；与东北师大智慧教学研究团队合作，推行智慧教学。

二、以善行课程体系为核心

教育教学是学校办学的主要内容，课程是学校教育教学活动开展和进行的重要载体，推行善行教育的办学体系。我们以开发学校善行校本课程体系为核心，把教师的善能与学生的善性结合起来，才能发挥教育的最佳效果，先点燃，才能成全，从而以善行达成教学的善果。使每一位学生都能真正理解善、弘扬善。

从会自理、健身心、重学习、强技能、扬志趣等方面开发善行教育校本基础课程。围绕懂感恩、坚信念、善合作、敢担当、有创新等方面来开发和建设善行教育校本拓展课程。在基础课程中让学生学会善待自己，打好人生底色；在拓展课程中让学生学会善行天下，做个有作为的人。

三、以善行保障体系为关键

校园的物质环境和精神环境是教学活动顺利开展、学生高效学习的保障和关键所在，同样善行教育办学体系的确立更加需要以善行保障体系为关键，这样才能保障善行课程体系与管理体系的构建更加科学、高效。

学校以善行办学目标为中心来优化学校的各种硬件和软件设施、物质环境与精神环境，确立以善行校园文化、善行智能管理、善行档案与展馆、善行硬件设施、善行安全管理、善行教育合作在内的全面的善行保障体系，既符合现代化教育的发展趋势，又符合善行教育目标的基本要求。从而使得善行教育理念渗透到学校教学、管理、运行的方方面面，为善行教育办学体系提供无处不在的保障。

附：善行教育实施的制度三种保障范例

善行班主任评选方案

为构建一支"仁智兼备 幸福高雅"的教师队伍，表扬在善行德育工作中表现优异的班主任，并将其树立榜样，以此激发优秀德育队伍建设，英林中学善行班主任评选方案制定如下：

一、参评基本条件

1. 参评对象为担任班主任工作连续两年或断续三年以上的现任班主任老师。

2. 思想品德良好、教育观念正确。严格执行《中小学教师职业道德》，教书育人、管理育人、为人师表；与时俱进，教改课改先行先使，改革创新、有行有果。

3. 爱岗敬业、模范履职。开拓进取，争先创优，带头实践校训，遵守校规，执行学校计划，出色完成各项任务。

4. 落实中学生文明礼仪指导纲要要求，积极组织开展文明礼仪教育活动，争创文明班级、文明宿舍，培养文明模范。

二、定性指标

1. 学生无严重违反校纪校规现象和违法犯罪行为。

2.《班主任手册》按时完成，内容充实，符合要求。

3. 年巩生率控制在97%以上。（快班99%，平行班95%）

4. 注重后进生转化工作、家校联系工作（用好《班主任手册》，真实记录和体现后进生转化开展工作和家校联系工作）。

5. 班主任所带班级文明班级得分居年段中上水平。

6. 参评对象近三年必须有发表过校级或以上德育论文。

7. 参评对象必须于当年开设主题班会公开课，并提交教案和课件。

8. 有下列行为之一（或事件）的班主任将被取消评优资格。

①乱收费行为。

②体罚学生并造成不良影响。

③师德师风差，有违法乱纪行为。

④班上出现重大违纪事件或重大安全事故，知情不报，造成不良影响。

三、量化分值

（一）班级管理（积分制，满分20分）

1. 班委会机构健全，班委分工明确，团结协作，认真履行职责，有向心力；班级学生自我管理能力强，学生上课不迟到、不旷课、不早退；班级集体积极向上，有凝聚力，集体荣誉感强。

2. 积极开展班级有歌声、创环保、有社团等德育活动；学生守纪律、讲礼仪，仪容仪表规范；学生互帮互助，后进生转化明显，学生学习有竞争意识；认真做好"两操"，讲究个人卫生和公共卫生；学生心理素质好，有理想、有奋斗目标，有浓厚的学习氛围，班风良好。

第一章 善行教育的内涵——以英林中学实施为例

3. 用好学习园地、宣传栏、黑板报，墙壁不乱张贴。注重教室卫生的保洁，墙壁无污痕，桌面无新刻画，无损坏公物不报现象，有班级文明公约或班训，有良好的学生文明习惯和班级特色文化。

4. 以上量化项目将以文明班级得分为主要依据，每周统计一次并按排名得分间隔1分，最高得10分；每学年统计每周总分和，按排名得分间隔2分，最高得分20分。

（二）班主任工作（扣分制，满分10分）

1. 班主任需认真完成学校布置的各项任务，落实做好每次主题班会的德育常规教育并记入《班主任手册》，按时、按质、按量地提交各项纸质及电子稿材料，用好《班主任手册》《学生综合素质手册》，建立良好的家校联系，并做好记录。班级计划及总结应体现后进生转化和文明礼仪教育内容，每学期至少选出两名后进生转化案例进行手册登记，做好学生的综合素质评价工作，针对不同学生书写学生发展建议的班主任评语内容。

注：一是未及时提交或迟交材料，每次扣1分；未交，每次扣2分；提交材料有明显敷衍了事现象按未交材料处理；二是《班主任手册》《学生综合素质手册》中一项未按时完成扣2分；三是政教处、年段布置的主题班会未按要求进行学生教育、自习或用作其他用途，则该次主题班会被视为缺勤处理，每次扣2分。

2. 积极参与学校或年段组织的各种教师会议、年段集会、学生活动，监督升旗仪式、课间操、学生教育集会、学生教育活动等的学生纪律，善始善终。经常下班关心班级，及时处理偶发事件，做到不无故缺勤、迟到。

注：班主任因病假、事假、公假不能上班或参加会议及活动的需向政教处、年段请假。无故迟到扣1分，缺勤扣2分。

3. 此部分将由年段长、政教处进行日常登记、网络统计，并每月汇总政教处统计通报。

（三）集体荣誉（加分制，满分10分）

1. 班级获得全校性或初（高）中部性比赛及班级参与校级以上比赛获得集体奖一、二、三等奖的，分别给予奖励分2分、1.5分、1分。如获得其他名次排名或优秀奖的，折算成相应等级加分。

2. 年段组织的各项比赛获得集体奖一、二、三等奖的可作为年段推优，给予一定的奖励加分，但不作为与其他年段参照的因素。

3. 参评校级及以上优秀班主任需提供获奖项目的活动材料。

四、推荐名额分配

各年段优秀班主任名额按照年段班级数的20%推荐。继续担任班主任的参评者在量化分值外给予适当倾斜。

五、评选与表彰

1. 在评选过程中，要坚持标准，严格程序，认真把关。要充分发扬民主，做到公开、公平、公正。

2. 各年段按照评选条件推荐名单，推荐人准备好相关参评材料并报送政教处，相关材料的提交时间根据学年情况而定，报送材料逾期者视为自动放弃。

3. 评优组将对参评对象进行资格审查，根据评选条件进行认真评选。

4. 初步确定人选后，在全校范围进行公示（公示期为三天），确无不良反馈后，报校长批准。

5. 对评选出的优秀班主任，由学校颁发"英林中学优秀班主任"证书，并评选符合条件的优秀班主任报送上级评优。

6. 本学年度推荐为优秀班主任或先进德育工作者的，若无特殊情况应服从学校工作安排继续担任班主任工作，否则取消评优资格。若下一年度申请不担任班主任者，原则上本年度不予评先。

六、未尽事宜，由学校研究修改。

善行教研组评选方案

为构建一支"仁智兼备 幸福高雅"的教师队伍，表扬在善行教研与落实常规教学中表现优异的教研组，树立榜样，激发优秀教研组建设，提高教学质量，提高教师专业化发展的基地；为深化课程改革，不断创新教育机制，推进我校教师专业成长的步伐，充分发挥教研组教学管理和研究功能，特开展每年一度的善行教研组评选。

一、总则

教研组在校长室、教务处、教科室领导下工作，并接受上级业务主管部门的指导和管理。教研组工作要以生为本，全面落实党的教育方针，依据课程标准进行教学研究，为全面提高教育质量服务。

二、组织机构（略）

三、量化细则

项目		权重分	考核标准
1. 出勤情况		17分	(1)出满勤者得10分。(2)病假：每十天扣1分。(3)事假：每五天扣1分。(4)职工每半天（教师每节课）扣1分。(5)学校规定的所有活动（政治学习，教研活动，校、年段会议、升旗仪式及其他集体活动）每缺席一次扣0.5分。(6)不服从学校工作安排而没有岗位者得0分。(7)学校重要工作未按时完成、材料未按时提交，每次扣0.1分，如导致学校被上级部门通报，则一次性扣2分。
2. 教学工作	教学工作量情况（12分）	60分	(1)各学科完成以下周课时（含竞赛辅导、培优补差、带运动队、指导研究性学习、组织课外活动、选修、代课，过程性材料完备，可计量化节数），视为满工作量，得12分；语文、数学、英语两个教学班，物理、化学、政治、历史、地理、生物12节，体、音、美、计算机、通用技术14节。(2)初三、高三教师完成中考、高考科目相应教学工作量视为满工作量。(3)不满工作量按比例得分。(4)考务工作计入工作量，没有接受相应考务工作，按比例扣分。行政人员按上级规定工作量计。本项目最高得分12分。
	备课、编写教案情况（7分）		(1)能认真备好每一节课，写好每节课的教案，每学期教案检查（含公开课教案、选修课教案、优秀教案）按优、良、中、差分别得4分、3分、2分、1分，发现抄袭则不得分；检查教案每少一次扣0.5分，扣完为止。(2)按要求应完成的备案应有电子稿，得分为2分，每少一次扣0.5分，扣完为止。(3)每学期至少参与一次规范的命题说明与质量分析，得分为1分。
	批改作业情况（5分）		作业布置规范适当，批改及时到位（达70%以上），能针对学生进行面批面改，检查时学生作业收集整理完整（达90%以上），不能做到，则依项扣2分。说明：对跨年段和跨学科、超工作量的任课教师，可以适当放宽要求。
2. 教学工作	授课情况（15分）	60分	(1)能准时上下课,讲授好每节课,讲授内容准确、生动,学生反映好,听课教师评价好,课堂秩序好,得12~15分；(2)以上评价内容做得一般的,得6~11分；(3)以上评价内容做得比较差或常乱班的,得1~5分。通过教研组、年段、学校组织听评课、学生评教、学校教学巡视综合给分。
	校级以上统一命题考试科目成绩情况（8分）		达到年段平均分得基准分，超过或低于年段平均分得1分，相应在基准分上加减1分，上不封顶。有分层教学年段按对应班级平均分为准，初中统考科目位列四校第一名的科目，备课组成员奖励2分，中途接班的按上下年度平均分差距核定。所有学科成绩按100分折算（20分封顶）。

续表

项目		权重分	考核标准
2. 教学工作	公开教学情况（5分）		优质课（公开课、示范课、说课）每开设一节，按组、校、公开周、合作片区联动课、县、市级、省级分别计 0.5 分、1 分、1.5 分、1.75 分、2 分、3 分、4 分。多次累加，最高不超 5 分。
	指导培养		任现职以来，经学校同意，辅导学生参加各级教育行政业务部门组织的学科竞赛获一等奖，按省级以上、市级、县级、镇（片区）级分别计 4 分、3 分、2 分、1 分，每低一个等级减 0.5 分。

备注：

1. 组内成员出现违反师德的事件，需取消整组参评资格。

2. 理化生实验员纳入相应教研组管理，工作上如有重大事故发生，需取消整组参评资格；工作重大失误一次，教研组参评分扣1分。

3. 各组若有出现处室布置工作未完成一次的，教研组参评分扣1分。

4. 量化细则评出个人得分，按全组个人得分的平均分进行排序，作为教研组的参评分。

5. 教研组获得市级以上团体表彰或承担学校重大任务，视情况给予0.5~2分奖励分。

6. 本方案最终解释权归教务处、教科室。

善行"十佳百优"评选方案

为让学生思善学善、善言善行、乐善扬善，修身养性，传递爱与善良，既善待自己又善行天下，培养有中国特色社会主义现代化的建设者与接班人，决定每年度开展"十佳百优"评选活动。

一、百优之星评选标准

1. 善德之星

学生的综合素质学期各项评价不能出现不合格，不能有违纪处分；学生诚实守信责任感强、遵纪守法有正能量。

入选优先原则：①现任各种类型学生干部者优先。②曾荣获个人综合荣誉者优先。③集体活动积极组织或参与者。④党团活动、设团活动积极参与者。符合多项者优先。

2. 善学之星

学生的综合素质学期各项评价不能出现不合格，不能有违纪处分；学生各类课程学习成绩优秀，具备科学学习方法。

入选优先原则：①学习能力强者优先。②积极参与各类学科有关的竞赛活动者优先。③曾荣获各类学科有关竞赛名次者优先。符合多项者优先。

3. 善体之星

学生的综合素质学期各项评价不能出现不合格，不能有违纪处分情况；学生有健康积极的心态，有健康的体育爱好或有坚持体育锻炼。

入选优先原则：①班级体育能手优先。②积极参与体育类活动者优先。③曾荣获体育类比赛活动名次者优先。符合多项者优先。

4. 善艺之星

学生的综合素质学期各项评价不能出现不合格，不能有违纪处分；学生有中学生朴素的仪表，形象好，有积极的审美观。

入选优先原则：①多才多艺者优先。②积极参与艺术类活动者优先。③曾荣获艺术类比赛活动名次者优先。符合多项者优先。

5. 善行之星

学生的综合素质学期各项评价不能出现不合格，不能有违纪处分；学生实践、研究、调查、创造等行动力或执行力强，善于实践和探究。

入选优先原则：①多次实践活动的参与者优先。②曾荣获实践类标兵者优先。③科技节作品或研究性学习成果获奖者优先。符合多项者优先。

6. 善劳之星

学生的综合素质学期各项评价不能出现不合格，不能有违纪处分；学生的劳动观念、劳动能力、劳动精神、劳动习惯好。

入选优先原则：①班级日常劳动积极认真。②个人生活事务处理能力强。③个人有劳动技能。符合多项者优先。

二、年度十佳评选标准

学生的综合素质评价学期各项评价均为良好及以上，不能有违纪处分；学生在德、智、体、美、劳中有两个及以上的特长，可以参评年度十佳，原则上各班级推荐最佳人选一人参评。参评年度十佳者不再参评百优之星。

注：1. 各班选一名年度十佳人选、六至十名百优之星（即每个班级遴选善德、善学、善体、善艺、善行、善劳最优秀者各一人，如有增加，班主任需说明理由）。

2. 推荐总原则，在某一方面有特长可参与对应星，两个方面以上有特长可参评年度十佳。

学生个人近照、特长图片各一张（发德育钉钉群）+规范丰富的成长手册+推荐表，送交政教处审核。

第一章 善行教育的内涵 —— 以英林中学实施为例

善行教育经典语录

要做一个靠谱的人,守纪守信守时;做一个善学的人,乐学好学会学;做一个善理的人,理顺、管理好人与事;做一个善行的人,敏行、善行、行善。

—— 王海墘

"善待自己 善行天下"——善行教育的课程范例

学校的办学思想是善行教育。善行教育以"点燃颗颗英中心，成全济济英中才"为办学理念，以"严勤诚毅"为校训，以"体育见长，和谐发展"为办学特色，以"构建温馨智慧书香韵味"的英林中学校园文化、打造"仁智兼备，幸福高雅"的教师队伍，培养"善待自己，善行天下"的英林中学学生为办学目标，引导师生知善、思善、扬善、行善。

课程是学校办学思想的集中体现。实现课程旨在实现教育目标，促进学生成为更加优秀的自己。善行课程体系是学校教育教学活动的重要载体，是实现办学思想的重要阵地。英林中学以开发善行校本课程体系为核心，使每一位学生真正理解善、弘扬善。在基础课程中，让学生学会善待自己，打好人生底色；在拓展课程中让学生学会善行天下，做个有作为的人。我们围绕会自理、健身心、重学习、强技能、扬志趣等方面开发建设基础课程，围绕懂感恩、坚信念、善合作、敢担当、有创新等方面来开发建设拓展课程（如图 1-2 所示）。

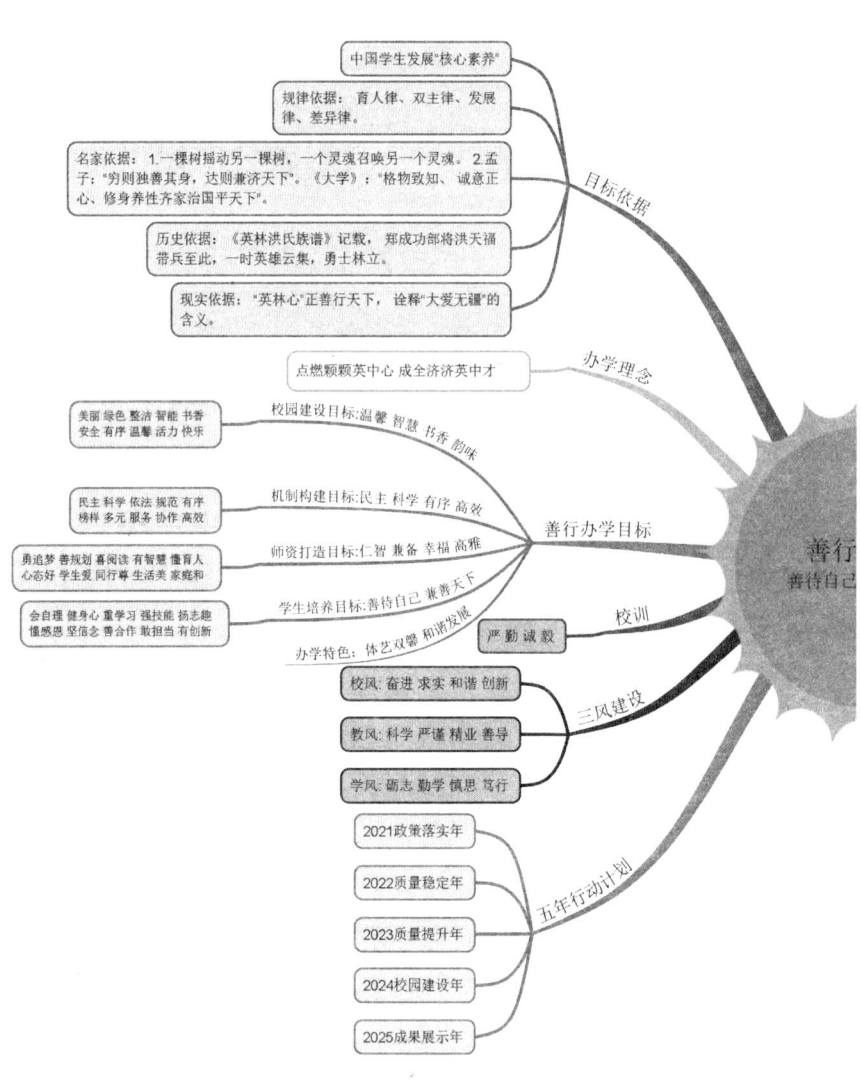

图1-2 善行教育实施路径图

第一章 善行教育的内涵 —— 以英林中学实施为例

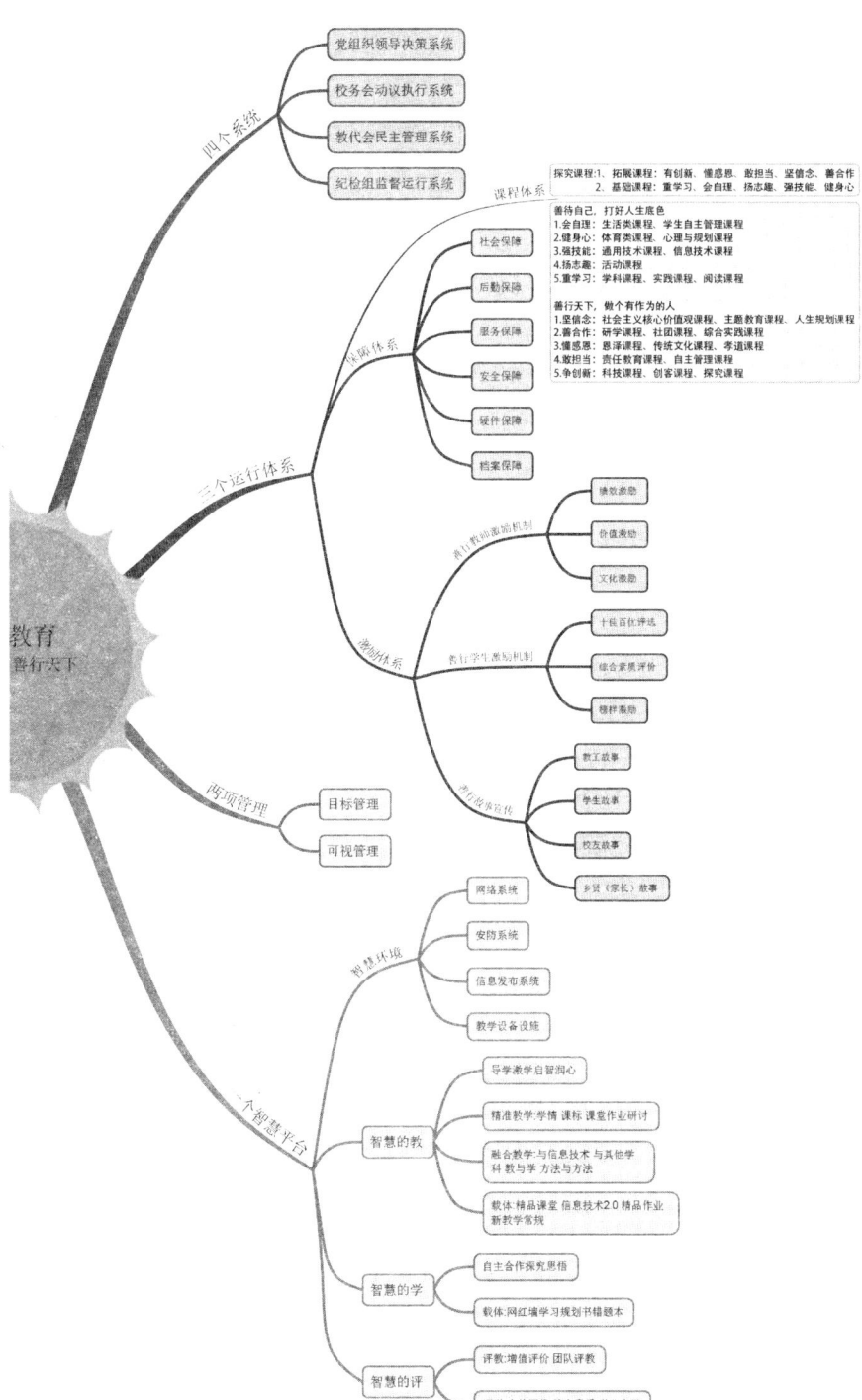

图 1-2 善行教育实施路径图

课程总称：善行课程。

课程理念：点燃颗颗英中心 成全济济英中才。

课程目标：让每一个学生成为最优秀的自己。

21世纪初，经济合作与发展组织(OECD)率先提出了核心素养结构模型。教育的初衷乃至终极目标是在回答"培养什么人、怎样培养人"的问题，英林中学课程安排基于有利于促进学生个性发展，有利于强化学校特色，有利于国家选拔人才的原则，依据《福建省普通高中新课程实验工作方案》的基本理念：主动适应社会发展和科技进步的时代需要，促进高中生全面而有个性的发展；加强高中课程与社会发展、科技进步，以及学生生活的联系；促进学习方式的多样化，发展高中生自主获取知识的愿望和能力；创建富有个性的课程制度和学校文化。学校把更多的课程选择权交给学生，把更多的课程开发权交给老师，把更多的课程设置权交给学校，以促进学校多样化办学，实现学生在共性基础上的差异发展的课改理念，设计学校的善行课程体系。

福建省高中新课改，为学校和教师提供了弹性、选择性、包容性和开放性强的课程研发空间，如何基于学校历史传统、地方文化、办学理念、发展愿景和规划等，开发出既体现以人为本的教育理念，又兼具学校特色的课程，是学校校本课程开发的核心价值追求。

在中华传统文化中，善是根本，是美德之源。《道德经》中提出了"上善若水"的基本理念，学校提出的善行教育中的"善"字便源于"上善若水"，旨在传承传统文化。

（一）学校课程的基本架构（如图 1-3 所示）

图 1-3　学校课程架构图

1. 基础性课程——打好人生底色

基础型课程强调促进学生基本素质的形成和发展，体现国家对公民素质的最基本要求。德、智、体、美、劳是对人的素质定位的基本准则，也是人类社会教育的趋向目标，人类社会的教育离不开德、智、体、美、劳这一根本内容。基础型课程由各学习领域体现共同基础要求的学科课程和素质培养课程组成，是全体学生的必修课程，包括学科必修课程、学生选修课程、德育课程（德育认知课程、德育实践课程、德育展示课程等）和心理素养课程。必修课程是学校课程的核心所在，通过完善教与学的关系，谋求适合的教学方式，保持并发展必修课程中高质量教学的传统，重在让学生掌握学科的基础知识和基本原理，掌握为人处世的基本道德规范要求，培养学生学科的思维能力和知识原理的运用能力、基本道德修养。要求既着眼于全体学生的全面发展，也重视学生个体差异能力的培育；既重视学生基本素质基础学力的培养，也关注学生多元智能和创造学力的开发；既强调学生智力水平发展，也要求个人品德素养的提升。

基础课程分为会自理、健身心、重学习、强技能、扬志趣等系列。会自理系列有生活类课程、学生自主管理课程；健身心系列有体育类课程、心理与规划类课程；重学习系列有学科课程、实践课程和阅读课程；强技能系列有劳动技术、信息技术、通用技术课程；扬志趣系列有活动课程。

英林中学是福建省体育特色传统校、福建省体育（排球）传统校，排球队声名远播，硕果累累。作为英林中学的一员，排球基础、中长跑基础是每一位英中学子具备的基本体育素养，因此，英林中学把排球基础课程、中长跑课程作为扬志趣社团课程中的必修课程。（如图1-4，图1-5，图1-6所示）

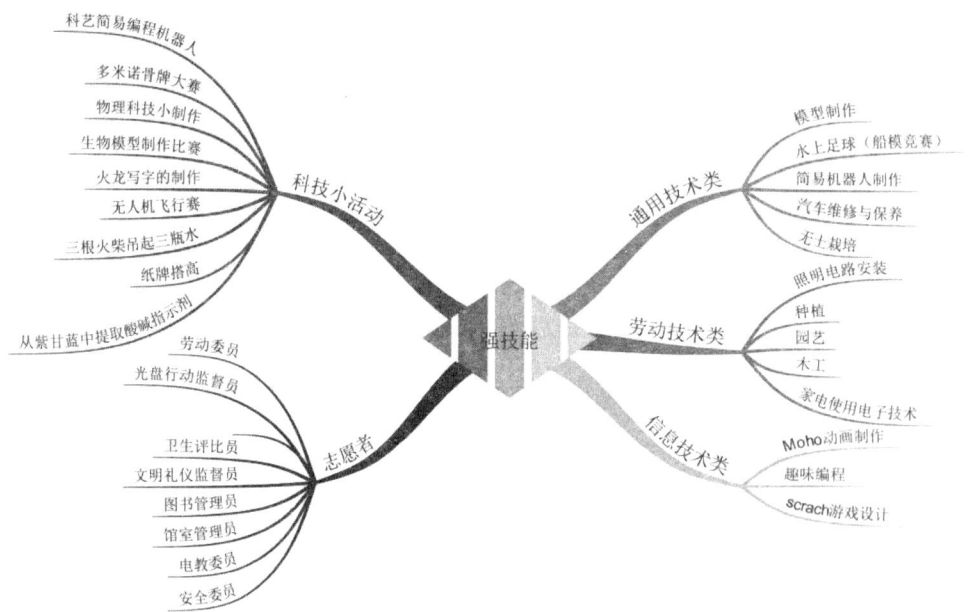

图1-4 活动课程

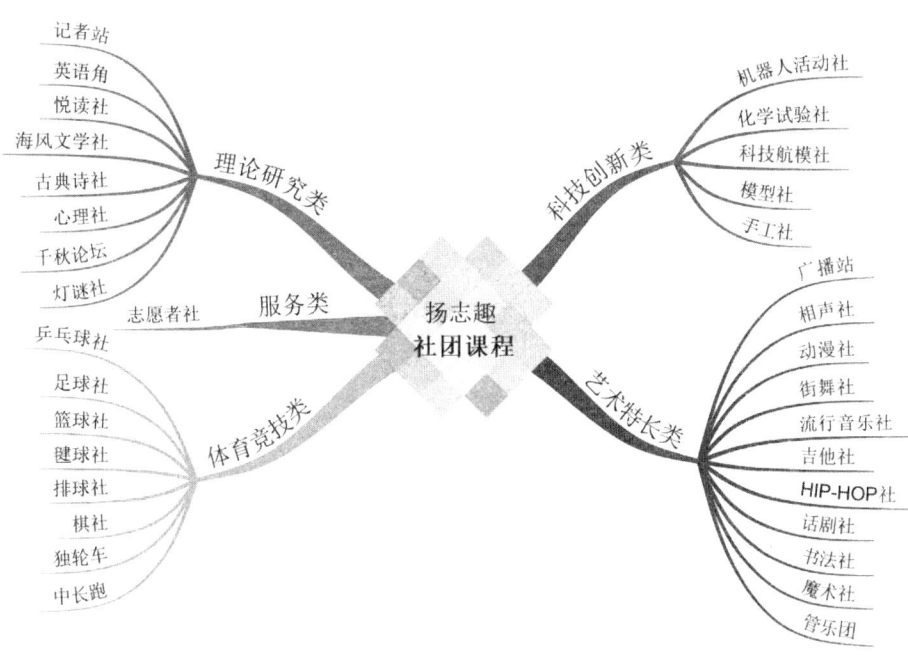

图 1-5　社团课程

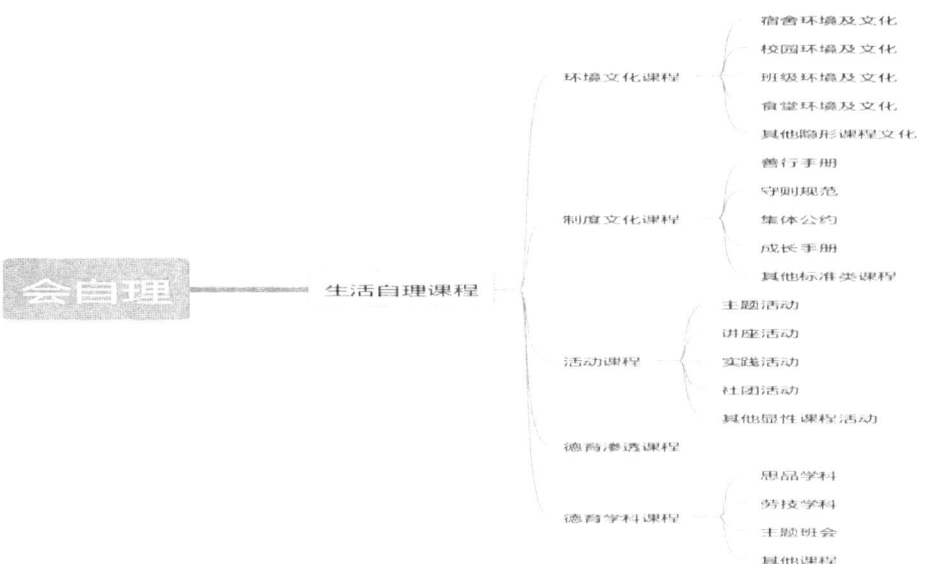

图 1-6　生活课程

2. 拓展课程、探究课程——做有作为的人

拓展课程、探究课程体现课程设置的差异性，课程以培育学生的主体意识、完善学生的认知结构、提高学生自我规划和自主选择能力为宗旨，着眼于培养、激发和发展学生的兴趣爱好，开发学生的潜能，促进学生个性的发展和学校办学特色的形成，是一种体现不同基础要求、具有一定开放性的课程。拓展课程、探究课程包括学科选修、学科竞赛、校本选修课程等，以拓宽知识、培养兴趣、主动发展为宗旨，让学生具有更为扎实的知识基础，致力于学生的潜能开发，特长发展，进一步体现对学生个性发展的拓展服务功能。

拓展课程、探究课程分为善合作、坚信念、敢担当、懂感恩、有创新等系列。善合作系列有研学课程、社团课程、综合实践研究课程；坚信念系列有社会主义核心价值观课程、主题教育课程、自主管理研究课程；敢担当系列有责任教育课程、自主管理研究课程；懂感恩系列有恩泽课程、传统文化课程、孝道课程；有创新系列有科技课程、创客课程、探究课程。

敢担当课程建设要以人为本，突出学生个性发展。按照马斯洛需求层次理论，科学、艺术、技术是人类追求成功的三条发展通道，而成功发展需要有健康的体魄和必要的生活能力作为基础。为了使所有学生都能得到发展，要积极引导学生进一步发展兴趣特长培养能力，帮助学生用选择课程来支撑兴趣特长的发展，全面提升自己各方面的素养。为此，学校重点发展以培养学生兴趣，发展个性特长为原则的能力拓展课程，旨在让学生在兴趣引导下明确今后的发展方向。学校创设平台，通过组织社团活动、自主管理、研学

课程，让学生在活动中学习，在自主管理中进步。目前，学校社团共有三十一个，如千秋论坛、知行谜社、海风文学社、校园之声广播站、话剧社等，在活动的组织过程中，学生锻炼了能力，提升了素质。自主管理是我校学生管理的一大特色，英林中学大胆放手让学生参与教育教学管理，让学生自主进行德育的常规评比，担任校运会的学生裁判，担任图书管理员、安全信息员等，在自主管理中学生加深了对学校管理要求的理解，也培养了学生的组织能力、语言表达能力和文字表达能力、处理事情的协调能力等。

善合作课程把学生放在社会层面来看待，认为学生是社会的人，学习能力的提升、个人素养的培养终究要在社会整体发展中展现，这就要求学生要具备更高的社会交往能力，学生与他人共同协作，懂得处理人与人的关系，懂得处理事情的技巧等。针对学生的社交能力、协作能力提升，英林中学主要通过班团队活动、研究性学习、兴趣小组来培养。通过这些活动，让学生增强团队意识，增强社会责任感，提升精神境界、道德意识和能力，使学生人格日臻完善。

从课程实施的特点看，四者和谐统一，在目前实施素质教育和倡导终身学习的信息化社会中，四位一体的课程结构体现了强有力的活力，满足了不同学生不同需要，促进了不同学生的个性发展。

3."三层次递进式"课程发展方向

为促进学生个性发展，加强学校特色建设，有利于国家选拔人才，我们本着实现学生在共性基础上的差异发展的课改理念，对课程提出如下课程进阶设计见表1-1：

表 1-1 "三层次递进式"课程安排

类型项目	基础课程	拓展课程	探究课程
面对群体	全体学生	具有个性需求的学生	具有专项潜质的学生
课程特点	注重学科的核心知识与思想方法	注重拓展性、独立性和连贯性	注重研究水平和创新意识
课程宗旨	满足国家课程要求，为学生的发展打下共同基础，保证学生的全面发展	满足学生兴趣与个性需求，为学生特长发展与未来专业化发展奠基	为特长拔尖人才搭建成长平台，提升学生的科研能力和创新能力
课程内容	国家课程、德育课程、心理课程	校本课程、学校特色课程	社团活动课程 自主管理课程
教学形式	行政教学班为主，走班分层教学为辅	选修走班教学	项目团队研究

以体育学科为例，课程进阶设计如图 1-7、表 1-2 所示。

图 1-7 晋江市英林中学体育学科"三层次递进式"课程结构示意图

表 1-2 英林中学校本选修课程

课程类型	课程目标	课程方向
社会人生类	引导学生了解社会发展，认识社会，并以积极的态度融入社会并改造社会；认识个人发展与社会的关系，关注自身发展并创造有意义的人生	社会进步与法制建设 学习的策略 个性与职业 自我保护与法律运用等 生涯规划 生理健康教育
科学创造类	使学生了解和认识科学发展中包含的人文精神和科学精神，提高学生科学素养和人文素养以及探索科学的兴趣，培养学生的创新精神和实践能力	科学思维与艺术创作 计算机软件应用 理化生实验探究 机器人

续表

课程类型	课程目标	课程方向
中国文化类	引导学生了解中国文化的起源、发展及对现代社会的影响；学习和了解中国灿烂文化的精髓，丰富国学知识，提升文化素养，深厚文化功底	汉字文化 对联欣赏与创作 古典文学名著赏析 中国古代文化名人 灯谜 泉州乡土文化
西方文明类	引导学生了解和认识西方社会；了解西方文明的产生、发展；了解西方文明对社会进步的积极作用；懂得洋为中用的基本原理和原则；了解西方的政治、经济、法律制度；了解西方文化以及生活观念，西方风俗与道德等	东西方文明比较研究 西方文明与现代化 跨文化交际 西方文明对中国的影响
体育艺术类	培养学生艺术技能和欣赏能力、体育技能和健身习惯，认识艺术和健身对人生的作用	合唱与指挥 书法美术创作与欣赏 音乐欣赏 排球、篮球、足球 中长跑 围棋
生活百科类	使学生了解掌握必要的生活常识，掌握必要的生活技能，培养学生热爱自然、保护环境的意识和习惯	烹饪与营养 中国民居文化 摄影与摄像 生活中的化学 水土保持

善行课程让每个学生成为最优秀的自己，读英中、上大学、闯世界、善行天下，成为英林中学精神文化的标签。

> **善行教育经典语录**
>
> 孔子弟子三千也仅七十二贤徒,但教师不能轻视、忽视任何一个学生,他们中的任何一个都有可能脱颖而出,尽管有的来得迟些。
>
> —— 王海墘

第二章 善行教育理念下的教师成长

师道的灵魂就是善，是善心、善愿、善言、善行，是知善、劝善、行善、扬善；是"己所不欲，勿施于人"；是"勿因善小而不为，勿因恶小而为之"，顺人善性，扬其善而抑其恶；是"其身正，不令也行"，以高尚的品德影响人，以磊落的言行感染人，以渊博的知识教化人。师道让教育充满温度、充满智慧、充满激情，尊重生命、点燃生命、温润生命、服务生命、成全生命。

至善至雅，做一个儒雅的教师

一、儒雅的含义

儒雅一词在《现代汉语大词典》中的解释有两义：一是学识精深；二是气度温文尔雅。其实这两义也是互为因果关系的：只有学识精深，才能真正做到气度温文尔雅；而气度温文尔雅，则是学识深湛的外在表现。儒雅是骨子里的东西，真正儒雅的人，一举手、一投足，就能体现出来，无须刻意表现。潇洒飘逸、斗酒诗百篇的李白，才高八斗、出口成章的曹植，才思敏捷、风流倜傥的苏轼，都让我们无限神往。读万卷书，就是读书人风度儒雅的雄厚基础。

二、儒雅所包含的内容

儒雅是对文人学士气质风范、仪表外象方面的要求。所谓儒即儒家或儒士，雅即斯文或雅致。儒家认为，士、君子应通过"博学于文，约之以礼"的文化教养和道德涵化，使自身的情感与理性达到高度统一，并能在社会生活或各种人伦关系中做到从容大方，谈吐文雅，性情中和。这种人格形象就是所谓的儒雅。因此，作为教师，儒雅气质应包含以下几个内容：

①有精深的学问。腰缠万贯、英俊潇洒的人未必儒雅，儒雅是学者型的人身上散发出来的独特的人格魅力。一个人满腹经纶、心如止水、谈吐得体、思维敏捷，是根植于其骨子里精深的学问使然。更重要的是，他对自己的生活态度和道德标准要求很高，追求高尚的生活品位，愿意体悟生活的真谛。

②为教以德。任何一个社会的发展与进步，都离不开人的德、识、才、绩。我国传统文化以儒家思想为理论基础，孔子博大精深的思想体系的核心是一个"仁"字，而孔子对于"仁"的解释是"仁者人也"，"仁"的核心落实在了"人"的身上。因此，传统儒家文化非常重视人的道德品行的提高。孔子提出要"毋意、毋必、毋固、毋我"(《论语·子罕》)，要"默而识之，学而不厌，诲人不倦"(《论语·述而》)。历朝历代的学者也孜孜不倦地教诲人们要重视道德品行的养成，追求德才兼备；对于那些有才无德、屈节辱德者极其鄙夷，毫不留情地斥之为"有辱斯文"。孔子的"仁"，就是要求我们要有人文精神，对学生要有人文关怀。

③行之以仪。"雅"的产生和"礼"有着密切的关系。《诗鼓

第二章 善行教育理念下的教师成长

钟》曰:"以雅以南,以籥不僭。"雅、南、籥都是乐器,在演奏中,必须有一个衡量标准,才能区分出是否"不僭"。那么,在当时社会环境下,难以找到还有比"礼"更合适的尺度了。直到当今社会,礼仍是区分"不僭"的重要标准。《礼记·乐记》:"中正无邪,礼之质也。"在"中正"的层面上,"雅"与"礼"本来就有共同性。礼是传统雅文化的核心,礼是作为雅文化中最集中、最仪式化的部分出现的。孔子曰:"不学礼,无以立。"(《论语·季氏》)孔子认为,礼仪是人安身立命的基础,是人际交往的基本准则,是维系人际和谐的纽带。讲礼貌、懂礼仪更是当今和谐社会好公民的基本标志。礼仪修养能使人免于粗野,受人尊重;同时也能给人角色定位。因此,作为人类文明的继承者与传播者,教师的言行举止,都要合乎礼仪规范,应该知书达理。

三、怎样才能儒雅

1. 善于为师,厚德以载物

师表即教师在人们心目中的形象,是教师职业示范性的表征。中国传统文化中的师表,是内圣外王的君子或者大人,君子的外在形象是"文胜质则史、质胜文则野,文质彬彬,然后君子",而其具体要求则是"仁者不忧,知者不惑,勇者不惧"(《论语·宪问》)。它要求身为人师必当温文尔雅,谈吐斯文,不仅要有一种内在的清俊气质,还要有一种外在的飘逸洒脱。大人外在形象是持"浩然之气、立于天地之间"的大丈夫,其具体表现则为"富贵不能淫,贫贱不能移,威武不能屈"。如果说君子体现的是为师的外在形象,那么,大人则更多体现的是为师的内在根本。它要求身为人师,应当一身正气，力求刚正不阿，不为强暴、金钱所蚀。大儒董仲舒主张"善为师者，既美其道，有慎于行"（《春秋繁露·玉杯第二》），以及"智如泉源，可以为表仪者，人师也"（《韩诗外传》卷五）等亦与此相类。上述为师形象还只是静态的，若表现为动态，则要求为师应当"其身正，不令而行；其身不正，虽令不从"，"不能正其身，如正人何？"（《论语·子路》），"穷则独善其身，达则兼济天下"（《孟子·尽心上》）。可见，教师的形象是一种外表儒雅清俊、内心刚正不阿的士人。正是这种将教书与育人、正人与正己并重，以自身道德主体的完善与挺立来垂范、召示他人的传统师表，才使教师赢得了职业尊严和社会声誉，显示出了巨大的人格魅力和示范作用。在儒家思想的熏陶和浸润下，传统教师就是以这样一种深沉、神圣的社会责任感和使命感，自觉地充当传统思想道德文化的传承者、示范者和践行者。可以说，在这一点上它已超出一般教育学意义的政治伦理地位，被奉为礼之化身、道之代表、德之典范。

要儒雅，要先做儒生，学习儒家经典文化。儒家经典文化是中华民族文化的重要载体，中华民族悠久文化的瑰宝。如"天下为公"的理念，"宁为玉碎不为瓦全"的风骨，"先天下之忧而忧，后天下之乐而乐"的胸怀，"富贵不能淫，贫贱不能移，威武不能屈"的操守等都是中华民族的伟大魂魄，我们要把它浸润到我们的思想之中去。

另外，还要温文尔雅，注重礼仪。我国自古以来就是礼仪之邦，有丰富的民族礼仪资源。如蒙学教材《三字经》《弟子规》《千字文》《孝经》等,自始至终都贯穿着待人接物、为人处世、治学修身等方面的礼仪规范和道德修养要求。现代教师要批判性地接受传统礼仪,更必须具备现代社会基本礼仪,要展示儒雅外流、不狂不狷、性情中和、情理交融、人情练达、温柔敦厚、笑容可掬等谦谦君子的风范,使自身情感得以净化,理性得以昌明,道德得以升华,从而成为真正的儒者。

2.善于学习,厚积以薄发

教师承担着培养国栋梁的职责,"是故择师不可不慎也"。必须得练就一身过硬的本领。

教师要有扎实的学科知识。《学记》说:"记问之学,不足以为人师。"又说:"君子知至学之难易而知其美恶,然后能博喻,能博喻然后能为师,能为师然后能为长,能为长然后能为君。"指出那种对知识不求甚解,不能融通,而只会死记硬背的人,是没有资格当教师的。

教师要具有雄厚的教育知识。《学记》说:"既知教之所由兴,又知教之所以废,然后可以为人师也。"认为,一个好的教师在教学中要知道"四兴""六废""四失",才能在教学中做到"导而弗牵,强而弗抑,开而弗达","知其心,然后能救其失也"。

教师要具有娴熟的教学能力。良好的知识修养、广博的知识基础及相应的教育学、心理学知识只是必要条件,教师还必须得具备娴熟的实际教学能力。

3.善于反思,总结以提升

教师要具有勤勉的学习态度和反思的批判精神。孔子说"吾日三省吾身","学而不思则罔,思而不学则殆"。孟子说"君子深造之以道,欲其自得之也。自得之,则居之安;居之安,则资之深;资之深,则取之左右逢源,故君子欲其自得之也"(《孟子·离娄下》)。古人尚且如此,现代教师更应多深入分析研究,总结经验,有针对性地改进教学;可以观摩同事的课分析并反思。教师在反思过程中,不仅是对自己、对他人的肯定,也是对自己和他人教育教学的重新思考和审视,对提高教师群体教学和促进教育研究都极为有利。教师不断地在经验中反思,在反思中创造,必将促进自己走上专业发展的道路和实现理想型教师塑造的愿望。教师只有通过教育研究反思,才能使教育经验上升到教育智慧。

4. 善于捕捉,生成显智慧

课堂教学具有很强的现场性,教师要以灵动的教育智慧随时处理生成的信息,引导学生对疑难问题进行分析、解决。教师不应拘泥于预设的教学规程,而应独具慧眼,及时捕捉"弹性灵活的成分、始料未及的信息"等生成性资源,及时调整教学进程,让课堂弹性化,追求课堂中的动态生成,是实施以创新教育为核心的素质教育的需要,是学生内在生命活力成长、发展的需要,也是教师生命活动、自我价值得以实现的需要,是教育永恒的、真正的价值追求。课堂会因动态生成而精彩连连,从而真正让课堂教学呈现出灵动的生机和跳跃的活力。

5. 教学相长,互助得双赢

教学相长通常是指师生在教与学中相互影响、相互促进,从而师生双方得到提高。教学本身是双向活动,教师在引导学生探求知识的过程中要循序渐进,同时,教师应关注学生的个体,了解学生的学情,关注学生的思维方式及学习动态。当个别善于思考、乐于发言的学生提出与教师不同的见解时,教师应加以支持与鼓励,能够沿着学生的思维去想、去做,开拓出新的教学情境。反之,则会扼杀学生的积极性。

教育并不仅满足于师生间的言传身教,为了促进学术的发展,教师往往注意把教学与研究结合起来,在教学中推出自己的研究成果以深化教学内容,开启学生心智。

勤于交流,取长补短。学术的研究和教育体系是开放的、融通的,古代讲求"君子以文会友,以友辅仁",因此,教师之间可以相互取长补短,在平等的气氛下共同提高学术水平。

儒雅需要有渊博的学识作为基础,儒雅也同样需要文雅、谦和、宽容、大度、善解人意的人格魅力。学识需要日积月累,品行与人格魅力则在于天长日久的修炼。我相信教师能不断提升自己的品位和格调,使自己成为一名儒雅的教师。

善行教育经典语录

学生善待自己，自主学习，主动发展，是为本。道者导也。师引导学生上正道，师生和谐，教学相长，是为善。道者理也。教学有法无定法，因材施教，因势利导；究事理明本质，顺理则通畅。

—— 王海墘

第二章 善行教育理念下的教师成长

善的基础——做一个幸福的教师

教育是以促进人的发展为目的的活动，其核心是人；教育直面人的生命，旨在提升人的生命质量，实现人的生命价值。教育促进人的发展，不仅在于促进学生的发展，也在于促进教师的发展。所以，教师不应被固化为"春蚕到死丝方尽，蜡炬成灰泪始干"式的带有悲壮意味的苦行僧。实际上，教育的发展目的就是不断追求师生之福，而教师的职业幸福感则是师生获得幸福的基础，师生幸福是教学或教育之福。

教师的力量极小，无法也没有力量改变我们所处的世界和社会，但是我们可以改变自己，可以自我培育幸福，让自己获得快乐。我们认为，做一个幸福的老师可以从以下几个方面着手。

一、具备一定的危机意识

危机意识可以激发教师对教育事业的激情。先秦典籍《左传》中曾提到"居安思危，安则有备，备则无患"。北宋的欧阳修也曾指出"忧劳可以兴国，逸豫可以亡身，自然之理也"。可见，忧危意识能激发干事业的激情，只有有了这种激情，教师在职业生活中才会主动思考，积极进取，激发并释放出其潜能，从而获得成功。虽苦犹乐，进而体验和享受到教师职业的幸福。

面对变革的社会和年代，危机无处不在。每个人必须具有危机意识，才能应对随时变化的环境，才能比别人学得更快、学得更多，才能把危机变成转机，在面临危机的时候，也才有足够的耐力跑得更快、跑得更远。

二、教师的幸福关键在于自己创造

1. 拥有良好的心态

首先要有积极向上的乐观心态。清华大学吴维库博士在其专题讲座《阳光心态》中说到，"一个人幸福不幸福，在本质上和财富、地位、权力没关系。幸福由思想、心态决定，心可以造天堂，也可以造地狱。"既然心既可以造天堂，也可以造地狱，我们何不让心造天堂？

其次要学会放下。对于生活中的不如意，要学会淡然面对；对于学生犯下的过错，要学会宽容和谅解。在生活的磨砺中，要有海纳百川的胸怀，有高山仰止的气势。老子说："知人者智，自知者明。胜人者有力，自胜者强……"亚里士多德说："幸福是通过德性，通过学习和培养得到的，那么，它也是最神圣的东西之一。因为德性的嘉奖和至善的目的，人所共知，乃是神圣的东西，是至福。"作为一个老师，要达到至高境界，道德修为上要自知自胜，要不断学习，方能有所作为，走上幸福之路。

最后要学会乐观生活，快乐工作。作为教师，要将自己视为一团火，给别人带来光和热。教师以自己的心灵去唤醒学生的心灵，以自己阳光的人性去启迪学生阳光的人性，以自己的幸福去开启学生的幸福。把自己的职业当作一种享受，在职业过程中享受快乐，这样才能得到幸福。

2. 享受教育教学工作

教育教学工作是一项充满灵感的创造性工作，它是一种快乐享受生活的过程。它是促进学生发展和教师自我发展的统一，是师生双向发展与享受幸福的统一。教师幸福的享受是教师个体存在和发展的前提和动力。记得有人曾说：考虑到对教师的生命关怀，教师在履行义务的同时，也应享受到幸福与自我的发展。享受是人存在和发展的前提与动力，过度限制享受和欲望就是限制人的存在和发展。

(1) 干一行，爱一行，做职业与单位的主人。对于幸福教育的教师来说，教育不是牺牲，而是享受；教育不是重复，而是创造；教育不是谋生的手段，而是生活的本身。教师只有做到干一行爱一行，才会打开事业的大门，激发出自己的光和热，在照亮学生的同时，也照亮了自己；才会展现教师对学生的影响力。

(2) 适应并融入工作，一起积极营造好的工作氛围，让其越来越美好。教师要熟谙本单位的自然环境和人文环境，要适应本单位的管理和自己的工作及职责，积极参与本单位的各种活动，融入这个组织中。在教师之间、领导之间、班级学生之间，创建和谐的人际关系，增进教师之间、教师与领导之间的人际沟通和交流，做一个积极的工作者、贡献者，积极投入集体的改造建设中。这会给教师的教育教学带来精神上的快乐和幸福，使其充分体验教师职业内在的尊严和快乐，也让教师产生强烈的归属感，使单位组织更具有凝聚力。

（3）有自己的教育追求与风格。教师要根据自己的知识能力和自己的个性，以及自己的教学目标追求，在教育教学中形成自己的教学风格。

（4）所处的位置决定着自己的价值。教师要准确地认识自己所处的位置，在这个位置上准确判断学生成长的空间与发展需求和方向，准确确定自己成长的方向与成长的价值，不断寻找自我生命价值的增长点，规划好自己的事业，并一步一步地去推动、实现，这是一个人做事成功的前提。

（5）享受教育教学工作。全面塑造和提升自身专业素质是一个教师走向职业幸福的必由之路。教师的专业发展水平直接关系到其教育教学活动的呈现方式、师生情感交流的状态，以及能否基于教育教学成就而产生的幸福体验。只有教师带着快乐的心情去从事工作，在工作中充满激情，可以全身心地享受课堂、研修、反思和选修，才会获得真正的幸福。这种精神性幸福就是一种内生性幸福或内源性幸福，是教师从事教育教学工作的至高境界，也是学校教育教学管理的至高境界。

3. 能得到学生的爱戴与敬佩

教师全身心地将自己的兴趣和爱给予学生，才会得到学生对老师爱戴与尊敬。学生是教师事业的一半，没有学生的成全就没有老师的成功。

（1）以学生为镜。一是与自己当学生时对老师的要求为镜，只有知晓学生的所思所想和他们的真实需要，不断满足学生对教学的需求；二是以你所教的学生为镜，照出自己的不足。教学相长，做一个教学上不断改进、不断取得成功的教师。

（2）创建和谐的师生关系及家校关系。教师要学会以平等、平和、公正的方式与学生相处，与家长交流。切忌自视高人一等，更不可盛气凌人，也不能对学生和家长使用语言暴力。要知道民主的、朋友式的师生关系，平等的、伙伴式的家校关系会让师生之间关系、家校之间关系变得更融洽，更和谐。

（3）有自己的得意学生。教师要善待每一位学生，平等对待每一位学生，尊重他们的人格，同时也要培养自己得意的学生。

（4）做班主任工作是获得学生爱戴与敬佩的最好途径。班主任工作是一个能让老师快速成长的助推器，能提高教师对学生的教育艺术，增强教师的教育智慧。它可以让我们深入地了解学生、熟悉学生、研究学生、指导学生、帮助学生、信任学生，在学生中播种善良、播撒爱，想学生之所想，急学生之所急，苦学生之所苦，乐学生之所乐，就会获得学生的爱戴与敬佩。

4. 得到同行的尊重

教育教学是一个依靠集体共同完成的行为。一个人不管有多大的梦想，有多强的能力，没有一个集体支持性环境，他的成就必然会受到影响。这个支持性环境就是同行、团队，和谐的团队环境是一个人生长的环境、成长的土壤，是成功者不可或缺的条件。在这个团队中你要与邻为伴，与人为善，善于沟通，乐于助人，主动并经常参与学校团队活动；让自己的教学业绩位于中上水平；主动与人分享自己在教学中的得失；虚心接受同行的帮助；充分展示自己，锻造自己，练就自己的一手绝活；为学校、同行分忧，不挑三拣四，尽可能多地承担一些工作，为团队贡献自己的光和热，以赢得同行的尊重。

5. 创造精彩的生活

一个幸福的教师绝不是只把工作当作生活的全部，更不是唯一。我们不提倡工作狂，教师要学会休息，休息好了才能更好工作，生活才会精彩，幸福的老师要为自己构筑起多姿多彩的生活。

教师可以从体育、艺术、读书等活动中释放疲惫，寻找另一种快乐；也可以和家人一起从事家务劳动，体验亲情之间的融洽和欢娱；还可以多参加集体活动，如学校组织的活动篮球比赛、拔河比赛等，享受大家庭的温馨与激情；也可创设让更多的老师喜欢加入的雅集活动圈，为生活添姿加彩。教师要懂得自我调节，努力让自己的生活提升到"工作再忙心不忙，生活再苦心不累"的境界。

6. 营造家庭幸福

教书育人对于教师来说是享受，但要留一点儿时间给生活，留一点儿生活给自己。

幸福的教师要懂得爱惜自己，只有这样才能爱惜家人、善待家人。教师要懂得锻炼自己，享受健康，享受业余生活，享受家庭的美满，享受孩子的欢乐，享受父母的唠叨，享受节假日一家人的其乐融融。

没有教师的幸福，就没有教师生命质量的提升，何谈学生的幸福，又何来教育的成功！教师的幸福是学生幸福的桥梁，也是教师专业发展的终极目的与归宿。

学校要大胆放手让学生参与教育教学管理，在自主管理中，学生会加深对学校管理要求的理解，也培养了自身的组织能力、语言表达能力和文字表达能力、处理事情的协调能力。

—— 王海墢

"善行教育"的优秀教师：让学生喜欢你的课

前段时间，我翻看教育杂志中一组关于何为好课的文章，很是感动。我们常喊"我的课堂我做主""向40分钟要质量""天大地大，我的课堂最大"等口号，但真正要把一节课上好、上出效率，却不是一件容易的事情。邱黎苑在《音乐就在你我身边》中写道："我在自己的音乐课堂中，用歌声、琴声、语言使学生获得审美的愉悦，用对音乐的感悟激起学生的情感共鸣，与学生共同探讨音乐的内涵美。"这说明教师具备过硬的专业知识技能，是让学生喜欢上你的课的基础条件。

陈琼英在《魅力课堂致力于"解放"学习者的心灵》中写道："魅力课堂里的教师只需要去思考如何营造更好的氛围，寻求更好的方法帮助每一颗心灵拥有这样的顿悟，让个体以开放的心灵去拥抱和体验研究及学习的成功和快乐。"说明只有师生的心灵都得到解放，让学生在课堂上有安全感，有自由的空间，才能让学生喜欢上你的课。

我觉得想让学生喜欢你的课，不妨在各方面都做得"多一点"。

幽默多一点。斯维特洛夫指出，"教育家最主要的也是第一位的助手是幽默"。在戏曲中，丑角是必不可少的行当，在剧目中虽然不一定是主角，但其通过诙谐的语言、夸大的化装、怪异的动作，让人印象深刻，大开眼界，甚至起着画龙点睛的作用。双关语、歇后语、俗语、小故事，既幽默又富有哲理，不但能在课堂调节活跃气氛，还能让人回味无穷。

悬念多一点。小时候看古典小说，我印象特别深：说到某一计谋时，要么送锦囊妙计，待遇难时打开才恍然大悟；要么附在耳边说如此如此，待事件揭开才知原来如此。还有"欲知后事，请听下回分解"，人总是有好奇心，如课堂常设置悬念，环环相扣，层层剥开，就能激发学生的热情和兴趣。如此这般，课堂自然有魅力。

表扬多一点。俗话说："良言一句三冬暖，恶语一句六月寒。"教师要及时发现学生身上的亮点并给予肯定表扬，会让学生激动不已，铭记于心。

绝活多一点。记得我初中的物理老师个子不高，但打羽毛球很厉害，游泳也不错，还是猜谜语的高手，一手粉笔字写得让学生连连称赞，并纷纷临摹。一上她的课，我们自然是精神百倍。

表情多一点。教师上课不能总板着脸，也不能总嬉皮笑脸，自然流露情感就好，自然能感染同学，引发共鸣，产生良好的教育效果。我的小学语文老师在朗读《卖火柴的小姑娘》时声音是哽咽的，至今老师朗诵时的情景与这篇文章的小姑娘形象仍历历在目。表情语言能与肢体语言结合起来，往往让我们印象更为深刻。

眼神专注一点。眼睛是心灵的窗口，上课时教师要把你赞许的目光多多投向学生，用你鼓励的眼神传递给学生力量、用你批评的眼神给学生以警示。

备课多一点。当今流行的短视频有一个共性，即短而精，通常是三至五分钟，甚至只需十几秒就能把一个知识点、一个问题、一个实验、一个技能展示得清清楚楚，易懂可操作。奥妙在于制作者要先收集整理诸多信息，打磨台词、道具、内容等，通过比较、增删、调整，才发布。可见，经过反复推敲、构思、修改方能出好东西；同理，多思考，充分备课，才会出好课。

阅读多一点。只有平时多阅读，具备渊博的知识，才能得到启迪、胸有成竹、信手拈来，才能让学生喜欢上你的课——不会出现"书到用时方恨少"的尴尬局面。

反思多一点。教师在教学过程中，因经验、知识、方法、学生等不同因素，会导致上课效果产生很大差异，甚至出现大相径庭的效果。我们要强调课前备课，做好各种预测与应对机制。课中强调生成，做好对课堂突发问题、情景的应变处理。课后强调反思，反思备课与上课的不足、课堂生成的意义、不同班级的不同效果、讲话的艺术、逻辑思维、学生情况等，通过与教学原理、学生成长规律联系，与名家授课对比，发现自己上课的优劣势，根据实际情况改进策略、调整内容。

让学生喜欢你的课，说起来容易，做起来难。需要你有外显的才华与技能，要有内化的素质与能力。看似只多那么一点，可就那么一点，要费尽你一生的心血；就是多那么一点，能起画龙点睛的作用。多一点，能让学生受益终生，能成就一个人。

愿天下老师的每一节课都是学生喜欢的课。

善行教育经典语录

师者导生，学者蹈师，师生循此道，登高而招，博采众长，其乐融融是也。以博学之道，独立见识，止于至善，终成秀木成林、英才辈出之势。

—— 王海墘

老师的善念，影响着孩子的一生

因周六没车可坐，我为了与行政职员一样上班，经常打车来回。吃完早饭，我即约滴滴特惠车。今天特别快，一叫就马上有车，且发现司机是个女同志。我赶紧换衣服下电梯上车。

我看车整理得很干净，就连连夸奖。一路上少有话语，但我只要起个话头，她必认真回应。到了陈山，我问她为什么车开得慢，行驶得很规范，时速不超规，她说："现在如超速，车上监控会提醒要控制时速，且会被记录，降低信用等级，所以不敢超速。"更关键的是，她忽然接着说："王校长坐在身边我不敢超速，因为感觉有些紧张！"我有些吃惊，问她怎么认识我，她说："很感激王校长，我是金山中学的学生，当年如果不是你三番五次地到我家动员，恐怕我小学毕业后就辍学了。"

我在金山中学仅待了不到一年，这一晃已经是二十六年了。如果她不说，我肯定不知道此事。如果不是今天刚好叫她的车，这件事也会一直压在她的心底。我很庆幸，当年去动员她，其实只是做了一个教师该做的分内事。当时国家在落实"基本普及九年义务教育和基本扫除青壮年文盲"的两基教育，巩生是重要任务。我到金山当副校长，对辍学生、小学毕业没来读的学生都执行"一个都不能少"的原则，得挨家挨户动员。总算功夫不负有心人，许多孩子获得了读完初中的机会。为了实现扫除青壮年文盲与半文盲工作，我们又连续办了几个速成班，让服务区近二百名青少年又重新入校学习，接受中学的教育，学习中学的学科知识。

总之，教师发自内心的善念，付诸实际行动的善行，不经意间的一句善语，都可能对学生一生有重大影响。

这是一段特殊的打车经历，也是一段特别的偶遇，是我教育生涯中一件平凡又值得自豪的事。我愿意为这种平凡的小事不懈地去继续努力。

第二章　善行教育理念下的教师成长

善行教育经典语录

　　教师的爱就是让跌倒的学生能勇敢地站起来,就是不让一个学生因我们的原因而掉队;爱就是苦练教育教学技能,运用好现代科学的教育教学方法;爱就是让课堂焕发生命的活力,让每堂课都成为学生心灵快乐的殿堂;爱就是让自己、让他人在良性的竞争中获得双赢。

—— 王海墘

第三章

基于善行教育的生命思考

中国人民大学黄克剑教授在他所倡导的"生命化教育"理念中认为，教育的功能在于"传授知识、启迪智慧、点化或润泽生命"。对于生命二字很易认识，却很难读懂。

教育对生命的点化

生命对于每个人来说，都是富有个性的，都是丰富多彩的，即使是同一个生命个体，在不同人的眼中也都是不一样的，可谓"一千个人心中有一千个哈姆雷特"，"一样米养出百样人"。当然，生命中总有些共性的东西，如真、善、美，是人类发展所共同追求的，在每个生命个体中都是存在的，只是有的完全得以体现，有的被隐藏，有的被淹没，被假、恶、丑所取代。也许在生命个体的发展演绎过程中，很多事情在起作用，有时是惊天动地的大事，有时是微不足道的一句话——就足以让生命的某个特性凸现出来。

教育在生命个体的演绎发展中也不知能发挥多少作用，但在"点化或润泽生命"这一功能中，让我感到了它的魅力所在。记得我刚读书时，有一次叔叔让我带堂妹的站轿（小孩刚学站时所用的一种竹工具）回家，可站轿比我还高，我很难拿回去。有一个老伯说："你有办法吗？"我想了想，就把站轿倒放在头上带回去，那老伯在众人面前大声说："这小子真会想办法，以后肯定有出息！"

三十年过去了，老伯这句不经意的表扬影响我一生，让我的两个生命特性显现出来：一是遇到困难就会努力想办法解决；二是很自信，认为自己会有出息。

还记得作为县优秀三好学生的我，为了面子而撒谎的事儿。一天，父亲让我去拣粪，那时拣粪的人多，我拣得很少，怕挨骂，于是就骗父亲说我把粪倒进邻居的粪坑了。父亲看了邻居的粪坑后把情况告诉了邻居，邻居听后很宽容地说："这孩子很乖，他肯定倒错了，我的粪坑真多了不少粪。"父亲听了没有作声，可却在我回家后让我写了检讨。真是知子莫若父啊，他知道我在说谎。这件小事情却让我有了生命的两种觉悟：一是要懂得宽容；二是要讲诚信。父亲对儿子的疼爱和了解使父亲知道怎样教育孩子，邻居对我的宽容触动了我，两个长辈在不知不觉中给了我受用终身的教育。

教育的力量就是这样神奇，而这种神奇的力量又是一把双刃剑——有时它带给生命个体真、善、美，有时却是假、恶、丑。同样的一句话有时在不同的生命个体中却产生着不同的效果。记得一位老师上课过程中骂了一个孩子，这个孩子要用他的努力去证明这个老师的错；而有些受冷落的孩子可能一蹶不振，从此消极起来。

我其实并不太理解教育和生命之间的关系，但我想，当教育对生命起点化作用时，教育者对受教育者的爱、宽容、鼓励和了解等是必不可少的，而且这种点化、润泽却不能刻意追求，它常常在不经意间存在，重要的是你能否随时把握时机。

第三章　基于善行教育的生命思考

> **善行教育经典语录**
>
> 　　成人，意味着更要为自己负责，为家庭、社会、国家有所担当，更要怀揣抱负。时不我待，不负青春年华，勇毅前行，奋斗不息，真正做到"善待自己，善行天下"。
>
> —— 王海墘

爱与善是可以传递的

一

上午,我参加了初一年级的庆祝儿童节与离队仪式活动,猛然想起我告别少先队已有三十五年。当队歌唱起时,我仍心有向往。

会后有位老师发了一条朋友圈:表扬下校长,他颁奖的速度总是最慢的,因为他每次颁一张奖状都要双手递上并且适度弯腰,还要跟他们说"好好努力"。这样的细节,有温度。

这条朋友圈简单朴实,但能感受到这位老师也是个有温度、有情怀的人,她能注意观察教育现场的细节,并懂得思考一个教育细节背后所隐藏的价值观。她知道教育者要通过自己的言传身教去传递一种正向的观念与习惯,让受教育者内化于心、外化于行,形成同等的价值观念与习惯。她知道教育的基础是尊重每个学生,尊重别人是"善待自己"的核心内涵,正所谓"投之以桃,报之以李"。

教师对学生尊重与否,会影响学生一生,有时看似不经意的一句话、一个动作,可能会使一个学生成才,可能会让一个学生学坏。教师的言传身教,既是一种教育情怀,也是一份良心,更是一份责任与担当。

我的这些教育思考与我的一位小学老师有很大关系。在读小学三年级时,因家境不好,我的衣服穿得很随意。记得有次在颁奖时,我的班主任先是帮我整理好衣服,然后边颁奖边轻轻地对我说:"海埏同学,你学习真不错,好好努力,将来肯定会有出息。"她的这番话伴随我一生,至今仍不断地提醒着我,让我不敢松懈。我想也许这就是教育的力量。

但是即便衣服破旧,也要穿得整齐、整洁,这是对自己和他人的尊重。

二

我上午到初三年级走走,遇到年段组织孩子们开展活动。见到他们从班级出来,我赶快自觉站到一旁。孩子们没有刻意躲着我,反而是一个比一个大声地喊着"校长好"。他们纯真的微笑在脸上荡漾。沉浸在孩子们真诚的问候之中,我也欢喜异常。

三

中午在食堂与几位孩子聊天,我说:"今天咖喱牛肉炖白萝卜好吃,你们没吃吗?昨天提醒同学们眼保健操要互相比较一下姿势是否正确,你们有做吗?"孩子们异口同声地回答了我,接着又争先恐后地和我分享他们今天打了什么菜、哪个菜最好吃……看着孩子们大口吃饭的样子,听着他们热烈有趣的讨论声,我的满足感与幸福感油然而生。是的,即使是家常便饭,吃得饱、吃得开心便是最好的;孩子们身体健康、享受当下,这本身就是一种美!

四

下午第一节巡视教室时,我发现初一年级的两位女同学没去上体育课,便走了进去。一个女孩子在抄文章,另一个女孩子在做数学作业。询问后才知道,她们其中一个刚做完小手术,另一个前天扭到了脚。我表扬抄文章的孩子字写得大方漂亮,夸奖做数学作业的孩子解题认真规范。她们开始以为会受校长批评,没想到被表扬了,都开心地笑了起来。

我又走到初二年级的一个班,有三个女孩子正利用体育课时间出黑板报,见我走过去,想找地方躲起来。我连忙与她们聊了几句,赞赏她们的美术功底好,也提醒她们为班级做事值得表扬,但身体健康也很重要,体育课不能随便落下。孩子们感谢我的提醒,还保证下次会利用课余时间来完成这些事情。也许是感受到校长的宽容,她们更起劲儿地画了起来。

五

下午第三节下课后,有个男孩子在办公室楼旁边的一棵桑树旁采桑葚吃。我刚好走到那儿,几位女孩子问:"校长,像那位同学这样采是可以的吗?"我说:"当然可以!不过采摘的时候要注意安全,也要保护桑树!"她们本来以为我会狠狠地批评那个男孩子,没想到我却肯定了他的做法,于是她们也加入了采摘的队伍。看着她们与其他不断走来驻足观看的孩子们都很开心,我也很开心。

又想起昨天傍晚,当我在高三男生宿舍的走廊上与学生打招呼,并了解他们的日常生活、提醒他们一些生活注意事项时,几个在吃东西的孩子与我分享他们的美食。我从其中一个孩子手中接来一颗葡萄,放进嘴里,说:"好甜!"孩子听后笑得很灿烂,那一刻我想我们的心都是甜甜的。

六

面对活泼可爱的孩子,学校不仅要创设更多让孩子赏心悦目的微景观和活动场所,还应把握一切机会创设情景让开心笑容绽放在孩子的脸上!开心的情感更易互相感染,参与其中的教育者一定也能享受这份爱与快乐。

对待孩子,请多些引导与尊重,多点耐心与宽容,被温柔呵护的孩子才能"心里有爱,眼里有光"。

第三章 基于善行教育的生命思考

善行教育经典语录

人有天赋，但如不努力，终会"江郎才尽"，也会如仲永令人嗟叹。若天赋不好，先天条件不足，但能善于主动学习、因律变化，接纳新事物，吸纳各种养分，见缝插针，努力向上，终能实现"士别三日当刮目相看"，抑或"不鸣则已，一鸣惊人"，成为人之骄子。

——王海墘

生命教育的第一责任人——家长

自《中华人民共和国家庭教育促进法》实施以来,父母们"家庭是第一个课堂、家长是第一任老师"的责任意识正在逐步形成。要想做好家长,用正确的思想、方法和行为教育孩子养成良好思想、品行和习惯,必须具备哪些素质?这是值得研究的。

现在早已不是"多一个人,无非多一双筷子,一个碗"的时代,如今养孩子,除了要大量的经济支出,还要付出很多的时间和精力,考虑的细节多了,期待值也高了。

但我们要清醒地意识到,现在的社会与家长却常用"学习好"这一个标准来衡量与要求孩子,用"宠溺"这一种模式来教育孩子,这样的结果常常适得其反,甚至会害了孩子。家长要多陪孩子,给足孩子安全感,除了学校教育外,孩子在生存技能、健康体魄、良好心态等方面的教育也不容忽视。

做一个家长好难,做一个好家长更难。要做一个好家长,应该要具备以下几种意识。

一、要了解孩子

比如中学阶段的孩子,主要有三个方面的特性:一是成长性。这个阶段孩子的身体和心理快速发展、变化,思想也开始走向成熟,有自己的主见，但思想的成熟度又不够，由此引发多种矛盾；二是叛逆性。随着生理的变化，孩子总认为自己已经长大了，开始有独立意识，不想与家长沟通，对家长保持警惕和距离，甚至是抵触和反抗；三是烦恼性。因为上述矛盾的频频出现，也使得孩子充满困惑和烦恼。同时，孩子身体变化会让孩子产生很多以前所没有的担忧，而且想自己解决问题，却常常不能如愿。假如知道上述三个方面的特性，家长对孩子的教育就会有针对性。

二、好家长要具备五个特性

第一是不任性。

很多家长总会抱着"我所做的一切都为孩子好"的想法，认为"孩子是我的，我爱怎么着就怎么着"！对孩子总是随性而教，随性发脾气，随性要求孩子学这学那、做这做那，完全不顾孩子的真实感受。另外，也经常不给孩子留一点儿尊严，不允许孩子有秘密，不同意孩子有自己的小空间，最终把自己与孩子的距离越拉越远，甚至和孩子形同陌路。

其实，孩子是一个独立体，你必须养活他、照顾他，但不能总强加意志于他，更不能损伤他的尊严，而要尊重他的个性、合理引导。要允许他有自己的秘密，没征得孩子同意，不得动孩子私密的东西；做到不随意拿别人孩子的优势来比较自己孩子的劣势；不强制他做不感兴趣的事情；不当众随意骂孩子。总之，对孩子的教育要从控制自己的错误语言和做到不任性开始。

第二是善学习。

时代变化出奇地快，特别是进入大数据时代后，更是快得令你无法想象。孩子获得知识的途径不仅是老师、课本和家长，移动互联网也让孩子随时可以得到各种知识和信息。但从网上获得的信息良莠不齐的，孩子真假难辨，一不小心就会走上歧路。如果家长不紧跟时代节拍，不懂得分辨、甄别、筛选信息，又怎能帮助孩子捕捉有效信息，确保孩子不会误入歧途？

因此，家长要与时俱进，保持良好学习态势，减少自己的应酬和娱乐时间；不仅要从书本上学，也要学习新技能、新技术，同时也要不耻下问，包括问孩子。事实上，在大数据时代，孩子接受新事物、新信息、新技术的速度远比家长快得多。孩子的天性就是善于接受新事物，家长如果不学习，就没有丰富的知识与经验，从而难以有威信，导致孩子不想与家长多沟通，代沟就会越发明显。家长也应建立学习群，在群中互相交流学习经验及教孩子的心得。

第三是要会沟通。

家长能否与孩子进行有效沟通，是能否成功教育孩子的因素之一。

家长首先要懂得察言观色，懂得投石问路。要蹲下来与孩子平等交谈，要尊重孩子，要认真倾听孩子的表述，从中寻找解决问题的切入点，以对症下药。其次要学会准确表达，言语不能让孩子产生误解，表述观点要明确，意思要表达到位。同时，夫妻之间要针对孩子情况进行沟通，教育观念达成一致，才能对孩子进行有效的教育。

家长还应注重与老师的有效沟通。孩子有一大部分时间在学校，老师在教育方面又比较专业，故应常与老师联系，可以让自己和老师都更全面地了解孩子，更有利于对孩子实施良好的教育。

第四是要明是非。

在我们常人心目中，好孩子的标准之一是顺从、听话。在家里顺从家长，在学校顺从老师，在单位顺从领导。这样下去，就会导致孩子变得老成持重，没有个性和创造力，这对于孩子个人、对于家庭都没有什么好处。因此，我们提倡让孩子良好的个性得到发展，让孩子具有一定的批判意识、冒险精神和创新思维。

我们允许孩子在不知情的情况下犯错，但不允许孩子犯第二次同类的错误。当然，当孩子犯错时，我们也不能简单地迁就，而是要让孩子明白人犯错是要付出代价的。对于孩子所做的正确的事，我们要毫不掩饰地予以肯定，特别是在大是大非面前，我们更要让孩子明白其正确之处。这样，孩子心中才能有自己的天平，明白对与错的分量，能做一个明是非、敢担当的人。

第五是要起榜样作用。

很多家长没有真正明白孩子的第一任老师是家长，家长也是孩子的终身老师，对孩子的影响是持久的、深远的。

我们常说"有其父必有其子"，这足以说明家长对孩子的影响有多深。"亲其师，才能信其道"，每个家长都应把自己树成标杆，成为孩子的榜样。

第三章 基于善行教育的生命思考

善行教育经典语录

管仲与鲍叔牙两人正是"在其位而谋其政",相辅相成,全心全力扶助齐桓公走上霸主之位,而留名青史。而那些遇事就心猿意马、怨天尤人的人,就难有长进,难有大作为。

—— 王海墘

纤手扶行慈母心，启蒙升智始登程

一

2022年7月，一对神色忧郁的夫妻来学校找我，提出一个不情之请，让我接受他们原在一所名校就读、已休学一年的儿子来英林中学读高三。这对夫妻诉说了他们儿子的一段不寻常经历，并说孩子的身心都曾受创，现在还在恢复中，他们想让他换一所学校，既离开伤心地，又能就近照顾。

我处于两难之中，只能先跟家长说："我理解你们的心情和诉求，容我思考并咨询下教育主管部门，两天后给予答复。"

我知道接收这个孩子后的担子有多重，高三本就压力大，有些同学难免存在消极的心理问题，耗费了年段管理组和班主任大量的时间和精力。这个孩子又有较严重的心理阴影，若不能从中走出，闹出惊险事情来，岂不是引火烧身？

我与年段管理组成员一起讨论，大家都觉得难度很大，但不能不给孩子机会。于是我联系学籍校，并向家长进一步了解情况——只有知根知底，才能确保对其进行科学有效的教育。管理组也对孩子情况做了分析，拟出几条意见：一是找一个年富力强、经验丰富的班主任，并将实际情况与他交底，让他好好接纳这个孩子；二是要做到既保密又能让师生正常与这位学生接触，那就以孩子身体疾病需要就近照顾为由，给予师生说明其转学原因；三是制订详细的方案，尽可能给予他学习和生活上的帮助：如早晚修可自由支配时间；安排一个低层的床位以便休息；安排靠后的座位，方便他常站起来走动；到卫生间时安排同学帮扶；学习上老师适当给予关照等。

这一任务就落在王恭伟老师身上。王老师以一颗大爱之心，秉善行教育观，为这位同学排忧解难，经常性地对孩子嘘寒问暖，与家长沟通互动。孩子在上课与身体康复之间不断切换：若需停课康复，及时为他提供复习资料；恢复上课后就与科任老师沟通，为他补课。这一年来孩子的身体越来越好，心结慢慢解开，学习也不断进步。今年高考，他以超特殊控制线近二十分的好成绩，被省外一所高校录取了。

家长用最朴实的方式赠予学校一面写着"纤手扶行慈母心，启蒙升智始登程"的锦旗来表达他们的感激之情。当他们把这面锦旗递给我时，我眼睛湿了。

党的二十大报告提出"六个必须坚持"，其中"必须坚持人民至上"位列第一。在教育之中，自然是要坚持学生至上。"教好一个学生，幸福一个家庭"，这一面锦旗何尝不是最真实的写照，也是老师日常工作价值意义的写照。

二

学期末，家长陈义珍走进我的办公室。"王校长，您好！我是陈亮和陈胜的家长，今天来给学校送一面锦旗，感谢你们对我两个孩子的栽培！"锦旗绣着"春晖遍泽桃李树，硕果满挂琼瑶枝"

十四个大字。

陈义珍是莆田人,在英林镇高湖村开了一间杂货铺,一开就是二十四年,一家已成了新晋江人。陈义珍的大儿子陈亮2013—2019年就读于英林中学,后考入厦门大学自动化专业。二儿子陈胜2016—2022年就读于英林中学,后考入厦门大学电子信息类专业。陈义珍告诉我:"两个孩子初高中六年都就读于英林中学,对学校的'善行教育',以及办学水平非常认可。这里有一群非常尽职的老师,他们用实际行动在诠释爱与善的教育力量。"

陈亮在《难忘英中情》中说:"英中是平凡的英中,但对我来说却是不平凡的。适合的才是最好的,仔细回想,英中就是适合我的那个中学。""清晨流淌在英中操场上的阳光与夜晚闪耀在英中上空的明星,我都将铭记于心。"

陈胜在《记忆中的英中》说:"初中的记忆虽已遥远,但仍然刻骨铭心。还记得数学课上,大家被数学狠狠打击的场景;体育课上,大家热情挥洒汗水、绽放青春活力的场景……那一幕幕场景拼在一起,组成了我多姿多彩的初中。如果说初中是无忧无虑的,那么高中便是奋力拼搏的。课间嬉戏打闹的少年少了,教室里埋头苦读的少年多了。"

接过锦旗的那一刻,我非常感动,感动于家长的深明事理,以朴实的方式感恩学校对他孩子的培养;感动于陈亮、陈胜的刻苦学习,不负众望;感动于一群老师的勤勉善教,不辱使命,培育英才。

扎根中国大地办人民满意的教育,是我作为一个普通教育管理者矢志不移的追求。

善行教育经典语录

别奢求所有的孩子都赢在起跑线上,有的一生如小草在大地上生生不息,有的一出生便有旺盛的生长力,有的需要"药引子",待时机成熟自能一鸣惊人。所以父母不必太心急,唯有唤醒孩子生命的本真本性,遵循其成长的规律,才能成全孩子多元的成才之路。

—— 王海墘

生命的善意——父母传递给孩子的精神价值

一

因党员要主动参与学校庆祝建党百年的主题晚会，我自告奋勇上台敬读毛泽东的《沁园春·雪》和《卜算子·咏梅》。上场前我示弱说会怯场，希望在我忘词时，大家提醒我。学生们果然给力，我上场后他们整齐、大声又富有节奏地配合我诵读着，生怕我真忘了词。同学的纯真与对老师的敬爱如此真实而自然地流露出来，直到两首词诵读结束。

更为神奇的是，我哥在视频号看到我的诵读，勾起一段尘封在他心中近五十年的关于我爸妈的故事。他跟我说："这首《卜算子·咏梅》，老爸摘一部分写在老妈卖润饼的筐子上，当时还抄写有另一首《清平乐·会昌》的部分：东方欲晓／莫道君行早／踏遍青山人未老／风景这边独好！是老爸觉得老妈起得早，又要到外卖润饼，走街串巷，生意好了，就是'风景这边独好'！可惜，这个筐子我一直找不到。"

如果不是我的诵读，可能此事只会一直埋在我哥心里，他自己一人默默地怀念父母亲那种质朴、含蓄的爱情，为生计生活一起奔波打拼又互为鼓励的精神。

我依稀记得当时我可能只有五六岁，母亲常常起早贪黑地劳作和做点儿小买卖。随着年龄增大，我偶尔听母亲讲，她当时足迹遍布灵水、安海、金井、水头、石井、官桥，卖过菜脯、蠔、润饼，到防尖山割过草，常常早晨四点左右就从家出发，可以说是披星戴月，经历了许多风险，如在山里迷路、被狗追着跑、被疯人拦路等，回想起来都后怕。但当时能养家糊口、改善生活，还能得到我爸的呵护，那种日子过了二十年她仍挺幸福！

从抄写诗词的举动，我领略到父亲的文化功底，可惜他到养正中学读一学期就辍学了，当时一学期学费就要卖七担地瓜干才能筹足，家庭经济不允许，否则他一定是个品学兼优的好学生。辍学后他还在村中私塾当过老师。父亲对毛泽东诗词很喜爱，抄写这两首词的片断也体现出他豪放又内敛的个性，以及对生活的热爱与憧憬，同时也表达了对我母亲的关爱、肯定与鼓励。

父亲积劳成疾，因生活节俭不舍得花钱看病，结果错失医治良机，年仅61岁的他在我们无限的不舍中永远离开了，也成了我们一直无法打开的心结和遗憾，但他的精神却一直永存我们心中。

二

今天我的孩子给我几张小纸片，都是他在读中学时我写来鼓励他的。看到它们我思绪万千。

作为一名教育工作者，在孩子出生的第一个周岁里，我有三所学校的工作经历。他出生时，我在一所完中校任政教主任；他快满月时，我调到一所农村初中校任副校长；他周岁时，我调到一所新办农村初中校当校长；他读幼儿园时，寄养在外婆家；他读小学时，在我工作单位附近的一所中心小学读书——而后才一直在我担任校长的学校读完六年中学。

2014年，读文科的他因喜欢建筑设计专业，而在大陆没有文科类的建筑专业可选，刚好中国台湾开始招收大陆生，那边的很多大学专业不分文理科，于是他到台湾朝阳科技大学就读，毕业后到北京见习一年，现在在厦门工作。

因校长身份，孩子在自己管理的学校中读书，利弊参差。作为校长，按常理来说，应更懂得教育孩子，但我的许多时间都花在学校管理上；作为家长，我也很难绕过"家家有本难念的经"的困扰。我与他常交织在几种矛盾的冲突之中，几种理念的纠结之中。还好，我们愿意一起成长。

俗话说"三岁看大，七岁看老"。在他从幼儿园到小学阶段，我更注意的是让他养成良好的生活行为习惯。有一次他吃饭太慢，还得让他外婆喂，我很生气，于是把他拉到房间关了起来，不让其他人干预，直接用筷子抽打他的小手，直到他边哭边喊要自己吃饭后，我才停手。过后我有点儿后悔，后悔自己动怒打他，后悔当了校长却没有更好的教育孩子的方法。现在想想其实是自己没有认真研读儿童心理学，对孩子的成长心理不够了解，才会盲目出手。当然，教育要"软硬兼施"才行，适度惩戒还是必要的。

我反复给他灌输的几个理念：一是独立自主，自己的事情自己做好；二是积习成性，要养成良好的生活行为学习习惯；三是与人为善，自有福报；四是勿以善小而不为，勿以恶小而为之。他读小学时，我们就让他独立睡一个房间，叮嘱他要自己整理好房间，自己走路上学，自己买吃的。

　　许多孩子都参加各种类型的兴趣班，我当时仅让他学了书法。一是小学时我父亲握着我的手写字的场景还历历在目，可我毛笔字实在不行，没多练过。我父亲每年除夕都自己写春联，可这一沾着书香味的文化传统没延续下来，我强烈想让孩子能接上来；二是书法可练人的耐性，沉得下心来，才能在浮躁的社会中静下心思考与做事；三是书法所写内容都是中华文化的精华，可以丰富知识。他不负所望，在高中时参加泉州市现场书法比赛曾获得二等奖。另外，他自己还选择了学围棋、吉他。

　　中学阶段我能与他接触交流的时间并不多，因为他的功课逐渐加重，又加上晚修回来已是很迟。同时，我的校长事务也不少，我们常常碰不到一起当面沟通交流。特别是他处于青春期阶段，有些时间段不太想与家长沟通——打骂不行，当面沟通又会碰撞，有时急起来，彼此声音会提高8度。

　　基于以上几种情况，我还得想想其他沟通、教育、鼓励孩子的途径——写信是不错的方式。我曾写了几封信给他，印象较深的有两封：一封是他初三因打球摔断腿的哪段时间写给他的，另一封是他出发到台湾读大学时写给他的。他也曾在我的两个生日时都写信给我祝福。因父子所写都是真情实感，发自本心，彼此读了都很感动。

　　我们通常会留纸条的情况有几种：一是我周日晚上写，放在书桌上，对他上周的总体情况作以肯定式的评价，对新一周提出建议，周一上学时他刚好看得到；二是鼓励式的纸条，就如文章开始我提到的那些纸条，就写好放在他的枕头上；三是他遇到挫折或与我们意见相左时，为避开冲突，通过写纸条让他冷静后理性思考，增加对彼此的理解——不求马上采纳，但至少可缓和矛盾，也可对他所受挫折给予及时抚慰。

至于他为什么把这些纸条都保存下来，我很好奇，想从心理学的角度来分析，于是请教了心理老师。心理老师给我作了解释：有一种心理现象叫自我的延伸。"我"不只是我的肉体而已，"我"还会往外延伸——一个好友赠送的旧钱包，一个儿时的玩具，都是属于"我"的部分。它们对于其他人可能毫无价值，但对于自己却意义重大。因为这是"我"的旧钱包，"我"儿时的玩具，和我一起经历岁月，弥足珍贵。

是啊，每个人对于事物的赋义都可能不同。在他身上，我至少有这样的感觉：我是孩子的重要他人，他对我重视，对来自于我的嘱咐与爱无比珍惜。收藏这些纸条，说明他的这种情感是稳定的，收藏的是属于他内心深处对他影响深远的成长的一部分。纸张本身不贵重，它所承载的意义让它弥足珍贵。

父亲在孩子心目中的地位是高大上的，任何一个当父亲的都不能自我否认自己会给孩子带来的影响，"有其子必有其父"，父子的三观、习惯往往是一脉相承的，是其他教化行为取代不了的。在特定时期的纸条，如春风抚面，如热茶暖身，对孩子能起到适时的点拨提醒的激励作用，对他的成长是有帮助的。

亲情教育是第一教育，也是最好的教育，父母亲严慈相济、榜样示范、言传身教是给孩子最好最珍贵的礼物，哪怕是一张小纸条，都是孩子内心珍藏版的爱之书。

善行教育经典语录

礼仪修养能使人免于粗野,让人受尊重;同时也能定位人的角色。因此,作为人类文明的继承者与传播者,教师应该知书达礼,言行举止要合乎规范。

—— 王海璒

第四章

以善行教育观润泽生命——致学生们

教育之人何尝不是如泥平凡，如泥高尚，也塑菩萨，也塑僧钵，只要静心、善心，必能静中生慧、善己善人、成己成人，虽不敢奢求立德、立言、立功，却祈愿以善德、善言、善行之心立于天地之间。

有实力才有魅力

同学们，大家上午好！

从今天毕业证交到你们手上开始，你们的身份便发生了变化，你已成为英林中学的校友。母校将因你们而骄傲。借此机会，我想送同学几句临别赠言。

第一句话是，有实力才有魅力，既要拼搏更要创新。要知道，仅有一颗善良之心是远远不够的，想"为天下谋永福"，必须拥有实力，具备创新精神，勇于实践。

第二句话是，人生如球赛，充满变数，且行且珍惜。当你们走进外面的世界，无论如何变幻莫测，都要坦然面对。三国时期的司马懿以乐观的生活态度，健康的身体，强大的心理承受力，成了最后的赢家。因此只要活着，失败不可怕，一切都可以重来，健康的身心才是人生的最大财富。

人的一生据说有七次好机遇，如果能及时把握三次就能成为成功人士，哪怕能把握一次也是很幸运的人。可为什么有这么多的好机遇，却一直从身旁错失呢？因为往往机遇来了，我们还没准备好，或者不敢去努力争取。有时机遇和成功就是一道虚掩的门，只要你有准备，敢于去推开它，你就成功了。

第三句话是，机会总是给有准备的人，但还需要勇气与智慧。命运掌握在自己的手中，你要勇于走出自己的小圈子，你画的圈子越大，取得成功的概率也越大。人生没彩排，也不可能重来，所以面对人生的千万条道路，不管你怎么走，始终都要有个信念支撑着你，引导着你。

第四句话是，大道至简，人先要善待自己，才能善行天下。大家心有善念、口有善言、脚有善行，广积善力，广交善友，必然会使你结善果。从善当然要从善待自己做起，从小事做起。"不因善小而不为，不因恶小而为之"。同样，爱与善是可传播的，刚刚洪培力会长、洪清江理事长代表校友总会、校董会把爱与善传递给咱们；同学们把书捐献给学校，让"阅读是为了发现更好的自己"的善念传递给学弟学妹。这些都说明，我们要以"老吾老以及人之老，幼吾幼以及人之幼"的胸怀行善天下。

同学们，路就在你的脚下，大胆去闯吧。请记住"莫愁前路无知己，天下谁人不识君"，只要你有心善行天下，到哪里都有你安身立命之所，哪里都有你志同道合的朋友……

善待自己，善行天下！

最后,我想郑重地对大家说:"母校的大门永远为你们敞开着,想家了就回家看看。"

谢谢大家!

第四章 以善行教育观润泽生命——致学生们

善行教育经典语录

要做到"智者如水,仁者如山",像水一样灵活机智,像山一样坚毅刚强,去面对生活的各种挑战,最终无愧于自己的人生。

—— 王海墘

第四章 以善行教育观润泽生命——致学生们

做优秀的自己

亲爱的同学们：

上午好！

首先我代表学校欢迎七名新教师，以及近千名新同学加入英林中学大家庭。祝愿全体师生在新的一学年中生活愉快、身体健康、一切顺利！

今天我要与同学们分享的主题是"做优秀的自己"。

假期中有很多优秀的同学和朋友来到了英林中学，如清华大学博士生团队来英林中学与高三学子对话；华东理工大学的研究生团队来为英林中学设计摇篮园；教育改变晋江团队与英林中学刚毕业、将上大学的高三学子沟通，指导如何适应大学的生活；部队教官为英林中学校四个年段的同学军训。这些各地精英从不同角度展示他们的优秀；同样英林中学的同学也很优秀。今年高考，在晋江上本一的优秀生源占比中，英林中学仅有一个，但英林中学考上本一的人数达三十八个，增长了三十八倍。今年中考，许婧涵同学考了662.3分，在晋江排名第三名，刷新了英林中学中考个人的最好成绩。今天站在这里的老师、同学一样优秀，如初一的新同学经过了六年的小学生活，如今成了初中生；高一的新同学，从近两万名的初中毕业生中脱颖而出,被一级达标高中录取;高三的师生冒着酷暑,以饱满的精神状态投入紧张的高三学习生活中;高二、初三的同学在开学前接受了军训洗礼,以优美的会操表演宣告"新的一学年我们必是好样的";初二年级在前天来校时也举行了适应性培训,培训虽简短但也宣示着:"初二,我们更不一样,我们会更好。"老师们在经历了紧张的培训后,都在精心准备期初的各项工作,思考如何上好第一课。这些都让我感动,让我自豪,英林中学全体师生都是优秀的!

同学们,你们有没有发现,来英林中学的都是优秀的,我们身边的人都是优秀的,从英林中学走出去的人也是优秀的。

当然这时候优秀的你,要变成未来更优秀的你,还必须加倍努力。为此,我提出四点要求,希望同学们能尽力而为。

一是要做个靠谱的人。做靠谱的人就是做一个让自己和别人信得过的人,靠谱的人起码要有守纪、守信、守时。守纪是基础,也是前提,没有纪律的约束,就谈不上自由。守信就是要讲信用,讲契约精神,守信是一个人在社会生存生活的立身之道。守时是指能在规定的时间做应做的事,不迟到、早退,学习做事不拖拉,这样才能提高效率。

二是要做个善学的人。善学的人必然是个乐学、好学、会学的人;善学习的人一定是喜欢学习的人。兴趣是最好的老师,喜欢学习就有无限的学习潜力和勇气。同时还要讲究学习方法,"工欲善其事,必先利其器",只有温故而知新、举一而反三,掌握学科核心素养与学习方法,学习才能高效,才能学得更广、更宽、更深,才能学识渊博。

三是要做个善理的人。面对众多学科，面对不断膨胀的网络信息，你们要学会选择，学会去伪存真，整理整合——进而融合。面对复杂的自己、人际关系和世界，你要能沟通理顺，达到自我、物我、人我的和谐。戴尔·卡耐基说过："一个人的成功15%取决于他的专业知识，而85%来自他的沟通能力和综合素质。"管理是什么？就是管理好自己的一切，如管住自己的嘴，既不让病从口入，也不让祸从口出；如管理好自己的身体，让自己身心健康成长；管住自己的时间，让生命的每一分钟都不浪费；如管住自己的经济、学习、生活、锻炼……自主才能真正优秀。

四是要做个善行的人。"君子讷于言而胜于行"，一切脱离实际行动的语言、梦想、计划与方案都是空话，纸上谈兵只能误己误人，行动才能证明优秀。"纸上得来终觉浅，绝知此事要躬行"，善于行动，三思而后行，不盲从与盲干；多参与社会实践、社团活动、社区服务，才能实现知行合一。我们要勇于拒绝不良言行与学习生活习惯，从讲一句文明语言、不乱扔一张纸、不浪费一粒米饭做起，做一个文明的、有爱心的人。

全体师生，你们是优秀的。只要你做一个靠谱的人，守纪、守信、守时；做一个善学的人，乐学、好学、会学；做一个善理的人，整理、理顺、管理好人与事；做一个善行的人，敏行、善行、行善，那么当你离开英林中学的时候必定更优秀！

最后，我还是要告诉同学们，记住我们的目标是"读英中、上大学、闯世界、善行天下！"

第四章 以善行教育观润泽生命——致学生们

善行教育经典语录

克服思考的惰性,要能以问题为导向,以系统化思维为主轴,凡事三思而后行,善于发现事物的本质,形成闭环式、有始有终的良性思考习惯。

—— 王海墘

第四章 以善行教育观润泽生命——致学生们

上大学闯世界 善行天下

各位老师、同学：

大家中午好！

首先我想多看大家几眼，也请你们多看我几眼，彼此加深印象，因为过了今天，我们能见面的机会会越来越少。虽然我叫不出大多数同学的名字，但我会一直为你们祝福，祝你们平安、顺利。

我知道同学们以后未必还会记得我，但你们一定会记住英林中学，记住一群与你们朝夕相处的老师，记住在学校学习生活的点点滴滴。

同学们，我还记得去年8月，清华大学博士研究生团队来校与同学交流时，你们求学如饥的神情。都中午12点半了，同学们还缠着他们追问着团队学习与人生的问题，我想这是英林中学第一次迎来的最大的一个高学历访问团，而参加这次高端面对面分享会的正是在座的同学们。

同学们，我还记得去年的军训，那是英林中学第一次让高三年级的同学接受的正规军训。你们不怕苦、不怕累的精神定格在了英林中学的历史上。

同学们，我还记得4月我们组织的"向大学出发"的徒步研学活动，发出的"读英中上大学，闯世界善行天下"的豪言壮语。这也是英林中学历史上的第一次超过10千米的徒步研学活动，同学的豪情、团结与坚毅让我感受到青春的活力与你们的拼搏精神，这也成了晋江诸多学校学习的榜样。

同学们，我还记得6月2日的喊楼，我与戴副校长、刘平主任冒雨为你们擂鼓助威，并唱起《爱拼才会赢》。这也是英林中学第一次由校长亲自擂鼓助威的活动，关于那场活动的微信公众号的报道，点击量达万次。

同学们，我还记得阿万师与苟华林等同学为了物理竞赛，师生紧跟着福建师大的教授不分昼夜地并肩战斗，最后苟华林同学获得了省奥林匹克物理竞赛二等奖，这也是英林中学学生首次参加这类学科高端竞赛，并获得的最好成绩。后天苟华林同学还将作为泉州市高三优秀毕业生代表在省教育厅庄采芳奖学金颁奖大会上发言，这也是英林中学的第一次。

今天校友总会会为这么多优秀学子颁发奖金，这也是校友总会首次为单届学生入学颁发最多的奖金。

同学们，你们为英林中学创造了许多的第一，让我们更加自信而坚定，我特别为你们感到自豪。

同学们，这一年来咱们喊得最响的两句话是"善待自己善行天下"和"读英中、上大学、闯世界、善行天下"。社会是个大熔炉，适者生存是条普适性规律，谁能在社会很好立足，谁能在竞争中脱颖而出，要各凭本事，但有几个原则却是永恒不变的，在此与大家分享。

一是家国情怀。无数的家构成了国，有国才有家。中华民族历尽无数大难，五千年文明依然生生不息。国家兴亡，匹夫有责。为国为家，我们生命不已，奋斗不息！

二是遵规守法。中国正走向法治社会，只有我们遵行自然与社会规律、法律法规，才能自由自在地从事我们喜爱的事情。越是高度文明的社会，大家越会遵规守法，你我也不例外。

三是行胜于言。《论语》有云"君子耻其言而过其行"，未来的社会已来，越是智能时代，越会对所有人发起挑战，也更需要人类的实际行动，去保证不会成为智能人的奴隶。唯有行动，和历经千辛万苦，你才能成为人上人。

同学们，我们就要分开了，我有太多的不舍，但天下无不散的宴席。今天你们将融进英林中学校友总会的行列，我现就把四百一十五名同学转交给我们的会长柯文化先生。英林中学成为了你们的母校，母校和我会一直为你们祝福、加油。

同学们，"海内存知己，天涯若比邻。无为在歧路，儿女共沾巾"，我们坚信"德不孤，必有邻"。同学们去闯世界吧，善行天下！

第四章 以善行教育观润泽生命——致学生们

善行教育经典语录

我们在做事情时不要蛮干，有时要停下来回头看看，多进行反思总结，不要事倍功半，无功而返。

——王海墘

方向·心态·习惯，成就优秀的自己

亲爱的同学们：

上午好！

在这火热的日子里，我们在一起举行毕业典礼，初三的全体老师都穿上了喜庆的红衣服，在此我祝福大家的日子过得红红火火。我要向获得优秀毕业生称号、直升英林中学高中的，以及全体的初三毕业生表示祝贺。感恩三年来老师、同学、家长的一路相伴相随，大家一起走过了既平凡又不平凡的日子，让我们拥有许多美好的回忆，并让这些美好回忆定格在英林中学。

同学们，今天要我把我昨天的一段经历分享给你们，但愿能给你们以启迪。

昨天傍晚我坐公交车，从英林坐到下伍堡十字路口下车后，刚好36路公交车在五分钟左右也将到站。可我选择错了停车点，在觉察到后去追车，还是慢了一些。车到了，接上一个客人后开走了。我在后面一个劲儿地喊："师傅，稍等下！"可车还是开走了。同学们，我如果当时选择往正确方向走，那个地方标志清晰，也许我就不会错过车了；如果我不只是顾着奔跑，而是能够留心下周边，我就不会错过自己所要选择的停靠点了。

可见能否选择正确的方向，比起无谓的奔波更重要。而且一旦方向、目标错过了，我们还将要为此付出代价。当然，尽管方向是对的，如果我们不能偶尔停下思考、观察，一样会错失机会。

这时的我有两种选择：一是打滴滴回家，但要花费四十元，坐公交车只要两元，从财富的角度看，我这一错误的选择，就得多花二十倍的财富，这种经济损失太大了；二是等下一班公交车，可这一等至少要多花半个小时，"一寸光阴一寸金"，宝贵的时间就白白浪费了。况且有的时候时间浪费了，钱也花了，却依然没有机会——因为我查了刚刚错过的那一班车，恰好是最后一班了。

于是，我决定步行。因为我平时喜欢运动，所以体格很好，跑了八千米，出了一身汗。所以我们平时做事不仅要方向清晰，还要加强锻炼——必要的时候，这种运动健身的习惯可以帮上大忙。

除了养成运动健身的习惯，我们还要养成热爱学习的习惯。《论语·学而》开篇即说："学而时习之，不亦说乎？有朋自远方来，不亦乐乎？人不知而不愠，不亦君子乎？"孔子把学习习惯摆在三乐之首。孔子还说："吾十有五而志于学，三十而立。"是的，孔子当立志要读书的年龄恰好和大家同龄，不管你以前是否有志于学，都不重要，重要的是从现在开始用心学习，养成热爱学习、时时学习的习惯，说不定再过五十年，你也如孔子一样优秀，甚至更优秀。

曾子说："吾日三省吾身。"告诉我们要养成善于思考的习惯。凡事要三思而行，要经常反思自己所作所为是否符合优秀的标准，当遇到困难时（包括学习上的）能沉下心来，动脑筋解决。

善行天下，则朋友遍天下，我们还要养成结交好友的习惯。像"有朋自远方来，不亦乐乎？"是结交天下朋友的体现。"为人谋而不忠乎？与朋友交而不信乎？"是指交朋友要讲究忠诚与诚信，要交朋友就得善于与人沟通，有效沟通才能互相理解、包容与共处。当然朋友要慎交，"一个好汉三个帮"，交到优秀的朋友，让自己的事业与生活多了乐趣与帮助。反之，则可能让自己堕落。

我们还要养成良好的生活习惯。朱熹在《〈大学章句〉序》提到："人生八岁，则自王公以下，至于庶人之子弟，皆入小学，而教之以洒扫应对进退之节，礼乐射御书数之文。"洒扫应对是生活习惯的重要组成部分，"一屋不扫、何以扫天下"，一样强调优秀的生活习惯养成的重要性。我常倡导的"一分钟效率"，就是指导及时处理生活中的一些琐事，一分钟可以解决的问题要立即解决，即使拖上好长的时间，哪个问题依然存在。每天都打扫整理房间，花的时间不多，但房间能保持整洁。

孟子说："积行成习、积习成性、积性成命。"良好的习惯一旦养成，你必将终身受益。

同学们，学会选择正确的方向、保持明亮的心态、养成良好的习惯，就是善待自己的最好方式，也只有善待自己，让自己变得优秀，你才能让自己足够强大，善行天下！

最后，我衷心祝福大家，个个精彩，人人出彩！

谢谢！

> **善行教育经典语录**
>
> 　　如何让智慧教学有内涵、有抓手、可操作性强？要在精准课堂、精准学情、精准作业上下功夫；如何让教育目标的确定既富前瞻性又能落地实现？要让它有高度，大至为国育才，小至每天进步一点点，既不以分数论，又不回避分数论，以团队战斗力赢得竞争对手尊重、社会家长尊重。
>
> 　　　　　　　　　　　　　　　　—— 王海墘

第四章　以善行教育观润泽生命——致学生们

磨难成就英雄

亲爱的同学们：

上午好！

亲爱的同学们，你们将踏上新的征程，祝你们前程似锦。此时的我依依不舍，回想咱们这一届师生的遭遇，有许多的不一样，有些画面成了英林中学的第一次，有的甚至成了唯一：咱们是防控新冠病毒感染疫情以来福建的第一批复学学生，乙金阳同学与钟南山院士在福建电视台同台为全省的高三学生送祝福。在校封闭十五天的学习生活中，留下了许多难忘的美好的回忆：我给同学们送上棒棒糖、香蕉、橘子，寓意为相信你们都是棒棒的，并祝大家顺利大吉。家委会为同学们配置了可口的面线糊，好吃的粽子，预祝大家都高中。食堂在高考期间为同学们提供绿豆汤、银耳红枣枸杞汤、玉米龙骨汤、红鸡蛋、虫草花鸡汤、大鸡腿，祝同学考试顺利。英林心慈善基金会发给同学们一人一箱牛奶，祝师生都强身健体，以旺盛的精神面貌去面对学习和生活。相信同学们会把这些爱与善传递下去。

在喊楼现场，从不唱歌的我被你们逼得唱起了《爱拼才会赢》，直到现在我的喉咙还回不过神儿来。

第一次在英林中学有十九个敢于吃螃蟹的同学，在最后十个月的时间内转学日语，并取得不俗的成绩。

更忘不了许许多多关于同学和老师在跑道上、在走廊、在研学的路上、在教室里，同甘共苦、一起奋斗的美丽故事，可惜因时间关系不能一一列举。

同学们，老师们为你们真情付出，陪伴引领你们成长，鼓励你们攻克一次次考试难关，这时的你们不妨再来一起高呼一声"老师好"，并向老师们鞠个躬！

同学们，祝贺你们即将从英林中学的学生升级为英林中学的校友。我想给你们再讲几句话，也当作是临别赠言。

第一句，自古英雄多磨难。公子白逃亡国外，经历生死劫，历尽艰险，终成大业。可见只有经受磨难，才能成就英雄。即将跨入大学或走入社会的你们，将会有许多的困难问题需要去面对。不能适应与改变困难，克服与解决问题，就将永远是弱者。

第二句，靡不有初，鲜克有终。一个人再强大，如果不能守住初心，最后终将走向腐朽。公子白在晚年忘记了他的霸王梦，重用小人，贪图享受，结果让自己与齐国都落得个不好的下场，也恰恰证明"生于忧患、死于安乐"。物有本末，事有始终。同学们要始终如一，守住初心，胜不骄败不馁，宠辱不惊，为自己心中的梦想奋斗不息。

第三句，不拘一格降人才。正因为公子白的雄才大略，具有全局意识，恨不得揽尽天下英才为己用，才会有胸怀容纳重用把他往死里射的管仲，最终成就霸业！同学要不断学习，不断壮大自己，让自己成为有用之人。

第四句，人生得一知己足矣。管仲说："生我者父母，知我者鲍子。"——八拜之交的第一交便是管鲍之交。同学们要珍惜与你相遇的有缘人，相信四海之内有知己，多个朋友多条路，一个好汉三个帮。当然，我们要有识人之慧，不随意交朋友。交到生死之交，指引我们走正路，互相帮衬，彼此成全。交到不良朋友，有时会让我们万劫不复。

我们要能当伯乐去"慧眼识英雄"，不让有才华的朋友被埋没；也能当千里马让伯乐来发现我们的才干。

第五句，为人谋而不忠乎。当今社会，不管从事哪个行业，你都得敬业，把你的专业水平发挥得淋漓尽致。管鲍二人正是"在其位而谋其政"，相辅相成，全心全力扶助齐桓公一起走上霸主之位，而留名青史。切忌心猿意马，又埋怨自己，又怨天尤人，如此就难有长进，有大作为。同学们，人一生可以有多种选择，但每一种选择都要慎重，一旦选择就得"干一行爱一行"。你可一生为一项事业乐此不疲，也可重新择业，依然充满热情地投入到新的事业中去。

同学们，望你们善待自己，照顾好自己，经得起磨难，与人为善，学习不断，专业敬业，大胆往前走，勇敢闯世界、善行天下！

未来的日子，你们将接受考验，每个人都将创造自己的美好人生，成为英林中学的骄傲。

同学们，再见！

校友们，欢迎常回家看看！

第四章 以善行教育观润泽生命——致学生们

善行教育经典语录

如果不能适应困境、克服困难、解决问题，你就将永远是弱者。

—— 王海塆

第四章　以善行教育观润泽生命——致学生们

成为有理想、有本领、有担当的好学生

同学们：

大家好！

在这开学初，我要以论语开篇第一句与大家共勉："学而时习之，不亦说乎？有朋自远方来，不亦乐乎？人不知而不愠，不亦君子乎？"

一、有朋自远方来，不亦乐乎？

今年英林中学迎来了来自晋江各个初中校、英林各个小学，来自全国各地的新高一年级同学四百九十九人，新初一年级同学六百零八人，新教师十三人。面对这些新朋友，我感到无比兴奋。

同时，我要向同学们报个喜，今年的中高考成绩喜人：高考文考上本一线六十二人，本一上线率近15%，本科上线率超88%，其中十七人考上双一流大学。杨德华老师、苏敬樟老师指导的初中男生排球队参加全省排球联赛获得三等奖，蔡颖峰老师指导的高中合唱选修班参加泉州合唱比赛获得三等奖。在第二十六届全国中小学生书画类竞赛中，由王雅君老师指导的洪巧荧同学、何思恬同学荣获全国高中组一等奖，林诗滢同学荣获二等奖。在此也向所有为英中的发展付出辛勤劳动的师生员工表示感谢，并在教师节来临之

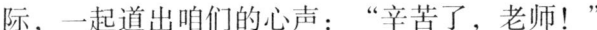

际,一起道出咱们的心声:"辛苦了,老师!"

二、人不知而不愠,不亦君子乎?

既然我们走到了一起,就是我们的缘分与福气。不管以前如何,每个人都要从头开始,从零起步,而一年后、两年后、三年后我们必然会有变化,我希望各位都能成为"不鸣则已一鸣惊人"的那一个。

我希望大家不要轻易看不起你身边的任一个人,也许将来的他超越你百倍;不要轻易否定别人的意见和观点,也许你学到的知识和个人的认知还没达到他的一半水平;不要轻易责怪别人对你的不理解,也许你的做法侵犯了别人的正当利益。要尊重你身边每一个人的意见,因为每一个人都有言论自由,都有对世界事物的不同见解;要理解来自四面八方的同学会有不同的生活习惯和处事方式,要有兼容并包的心态;要明白最好的礼仪就是遵守日常行为规范,没有规矩不成方圆,只有大家都自律,都遵守社会公德,才能真正自由。

三、学而时习之,不亦说乎?

学习要经常地练习、复习、实践,这样才能充满乐趣。不管是初一还是高三,我们都正处于学习的最佳阶段,都得立志求学,让自己成为有理想、有本领、有担当的一代青年。各科的学习方法不同、内容不同,巩固提高的方式方法也不同。

陶行知先生说:生活即学习,就是要"劳心劳力,亦知亦行"!有位同学曾告诉我,他去打暑假工,每小时十元报酬,为赚一百元,一天需要工作十小时以上,回到家累得都不想动。他从劳动中明白了父母的不易，也让自己更珍惜学习的机会。我看到了许多初一的孩子围着地理园转，充满好奇地看着一个个图案，这也是在用行动诠释"学而时习之"的要义。

同学们，新的学期开始了，请谨记：只有善待自己、树远大理想、苦练本领、勇于担当，我们才能在充满不确定性、充满挑战的世界之中有质量地生存下来，才能做到强国有我、不负韶华，善行天下！

第四章 以善行教育观润泽生命——致学生们

善行教育经典语录

创新是民族的灵魂，面对新时代背景下的新形势，我们要有新认知、新方向、新策略、新手段，如此才能扎根中国大地办教育，才能在激烈的竞争中有一席之地。

—— 王海墘

第四章 以善行教育观润泽生命——致学生们

假期的这10道菜，你会做几道？

同学们：

大家好！

2023年已不觉来临。新冠病毒感染既然防不胜防，那我们就坦然防之，泰然处之吧！

这段时间你经历过无症状，或轻症状，或畏寒、发热难受，或喉痛如刀割、酸痛如躺铁钉床，或嗜睡无力；要么难受三两天，要么痛苦十天八天，受尽了折磨。这三年经过了多次网课，老师用各种手段将上课工具、方法不断翻新，只为吸引学生的注意力。相信大家也深深感受到老师的无奈以及对你们无尽的爱——唯恐你们学业受影响。

我多次线上巡课，蹲班听课，也感受到多数同学对知识的渴求，对老师的尊重。你们的求知欲、探索力、执行力、解题力让我深深感动。有一群敬业爱生的老师，有一群尊师好学的学生，一起传递着爱与善良、知识与学问。你们求真求知与苦练本领，让我倍感安慰与自豪。

网课暂停了，老师、同学暂时告别一天好多个小时紧盯视频的煎熬了。虽然本学期的学习任务没能好好完成，但能得以从视频中解放出来也不失为一件好事，我们有更多的时间让自己支配了，有更多有趣、有益、好玩儿的事儿可以去做了。提早进入假期，就是为了能让同学们走出网络的束缚，去体验更多的人间烟火气。下面，我列出十道"家常菜"，供你们参考选用。

第一道菜：好好盘点下你的2022年。生活忙乱，但不要忘记那些美好得能治愈你的瞬间。你用哪几个字来作为你的年度关键字？比如让你最难忘的一个人是谁？难忘的一件事是什么？你最喜欢的是哪一本书、哪一句经典的话、哪一首歌？你掌握得最好的知识技能是什么？你最需强化的知识技能是哪些？

第二道菜：好好规划下你的2023年。冬将去，春将至，季节轮换，总有新的事情值得期待。好好规划即将到来的2023年，有规划就有努力的方向目标，就有实现目标的方法与途径、耐心与毅力。你可组织开家庭会议一起探讨，可运用思维导图好好整理，也可与同学互相探讨、互相借鉴、互相鼓励。

第三道菜：好好参与家务劳动。一天三餐煮什么？怎么买菜、洗菜、切菜、煮菜？怎样把家整理得整洁有序？坚持几天，也许你会明白正是这些生活起居、杂七杂八的日常，构成了一个个家的忙碌与温暖。

第四道菜：好好算算家庭经济账。比如一家人一年有多少收入，以什么为主要经济来源？一家人的经济支出有哪些？了解后你才会懂得父母是怎样撑起这个家的，才能感受父母的艰辛与不易，才会理解、体谅父母与长辈。

第五道菜：好好去感受中国的年味儿。过年的习俗有哪些正在消失，哪些正在形成？冬至、腊八、小年、除夕、春节、元宵节等如何由来？你最喜欢的一副春联、一首关于年的诗词、一个关于年的联欢节目是什么？中国的十二生肖、二十四节气你知道多少？中国五千年的文明值得我们去传承，让自己更有文化自信。

第六道菜：好好与几个同学聚聚。特殊的时期，我们更多的是选择居家生活，尽量避免聚集。但只要做好防护，选择在室外一起聚聚也未尝不可。你还可以深入村居社区去感受你所生活的小社会，认知大社会。

第七道菜：好好进行一番阅读。我们没办法行万里路，但可以多读几本书。我还是提倡有自己的一间房的——让自己的房间更像是一间书房，有自己书桌，能再配上一个小小的书架，床头也要放几本自己喜欢的书。你可选择一本名人传记（每一个名人都有他的传奇、不一般的坚守）、一部好小说（小说源于生活，是生活的艺术再现）、一些杂书（如天文地理、科技科幻、新闻评论、史书传奇）来看看读读，开卷自有益，在阅读去中发现更好的自己。

第八道菜：好好保养身体。适度的运动能让身体自带免疫力，养成较好的、相对规律的作息时间、良好的生活习惯及健康的饮食习惯吧！

第九道菜：好好自我放松。唱唱歌、画画图、剪剪纸、练练字、背背诗、学学乐器、做做手工……在娱乐中，在艺术创作中，放飞自我，让心情舒畅。

第十道菜：好好做你喜欢的事儿。如果你有特别好的兴趣，那就坚持它。如果你还没有找到兴趣，就找一项来培养它，让它伴随你一生，甚至成为你以后组成家庭后全家人的共同爱好，从一人乐到众人乐。

不知道这十道菜是否适合你的胃口？你可能有自己更喜欢的菜谱，不妨也说出来、做出来，让大家一起与你分享！

第四章　以善行教育观润泽生命——致学生们

> **善行教育经典语录**
>
> 物有本末，事有始终。我们要始终如一，守住初心，胜不骄、败不馁，为自己心中的梦想奋斗不息。
>
> —— 王海墘

理想 担当 奋进，成年人该有的样子

今天对同学们来说是一生难忘的日子，我们为同学们举行了隆重的成人加冠礼，赠授福袋，互换信件，行叩恩拥抱礼，携手过成人门，师生宣誓，吹响高考最后百日冲刺决战的号角。见你们精神抖擞、信心百倍、摩拳擦掌，我真为你们高兴。

今天对我来说也有特殊的纪念意义。今天是我自2003年作为校长参加同类活动的第二十个年头，是我自1993年作为教师参加同类活动的第三十个年头，每次参加活动我都尽量把自己打扮得更有仪式感些，一来我珍惜这个机会，二来我能与年轻的心靠得更近，让自己也保持青春的激情与活力。

上周诗性教育家柳袁照特级校长来为同学上了一场别开生面的长达两个小时的《看图写作文》讲座，柳校长一再表扬英林中学高三孩子不亚于任何一所名校学子，因为在听讲座过程中，同学们关注参与度高，又充满激情活力；互动性强，知识面广，完全不像是乡镇的学生。你们有资质，有潜力。

借这个机会，我给同学们讲两个小故事。前几天我去访问年轻的企业家云鹏服饰的"创二代"，36岁的洪梓锋先生。他自大学毕业就参与公司的经营，后来他父亲把公司掌舵人的接力棒传递给

他，作为独生子的他没有骄气，勇敢地担负起"创二代"的责任，且有自己的抱负，为自己定个目标：拓展市场，把公司办到省外、国外。经他十多年的拼搏，如今他的公司规模不断扩大，国内外均有他的公司。他注重学习，常参与高端培训，拓展视野，提高认知。一个普通的新时代创业者，正以他的上进姿态，一路前行，奋进于新时代。这就是成年人该有的样子。

  第二个小故事是周三有位乡贤洪培才先生来学校赠书，这次他赠的是一本名为《缅怀春楦》的书，是本回忆录。他说自他老父亲仙逝，一直想写一本回忆他父亲奋斗的书，回忆他们父子情深的书，努力去实现他父亲心愿的书。他只读到小学三年级，早年历经沧桑，后来，日子慢慢好转。为了写好这本书，他无论什么时候，只要想起点儿什么，会立马起身记下，后再补充修改。前后用了三年，终于付梓出版。我粗翻了书，觉得写得不错，都是真情实感，且描写细腻，读来令人感动，完全不像仅读过三年级书的人写的。我记得三年前，他来学校赠了一本《英林人在菲律宾》的书，这更像一本户口普查的书。他说他就任菲律宾英林同乡会理事长时，为了寻找记录下每个到菲律宾的乡亲家庭情况，整整用了两年时间，走遍所知道的英林菲律宾人所住的地方。功夫不负有心人，除一户不愿意，其他全部普查清楚，并编写成书。书被中国华侨博物馆等海内外博物馆、图书馆收藏，成为研究菲律宾华侨史珍贵而独特的资料，也实现了他让在菲律宾的英林人及后裔留住家乡的根与文化的愿望。洪培才先生凭他坚定的信念，对华侨与父亲的感情，承担起一份责任，并以坚韧不拔的干劲，勤奋的工作，实现了他的理想，做成了

第四章 以善行教育观润泽生命——致学生们

有益于家乡,有益于祖国之事。

同学们,今天的仪式感十足,意味着你们成人了。上述两个故事应能给你们以启发,明白成人意味着更要为自己负责,要对家庭、社会、国家有所担当,更要怀揣抱负。时不我待,莫负青春年华,勇毅前行,奋斗不息,真正做到"善待自己,善行天下"。

相信再过一百天,大家定能以破釜沉舟之势,勇拼善拼考出水平,亮出风采,以更好的成绩走进海内外高校!

第四章 以善行教育观润泽生命——致学生们

善行教育经典语录

人总要离开，不必太在意，重要的是好好把握有生之年的时光，珍惜身边的每一个亲人，做自己认为该做的有意义的事。"谋事在人，成事在天"，人生不在于结局如何，而在于过程的精彩。

——王海墘

第四章 以善行教育观润泽生命——致学生们

以善的名义出发

凤凰花开，又到一年离别之际。漫步在校园里，你可能有些许惆怅，生活多年的菁菁校园，你即将与之分别，不由感叹时间都去哪儿了；你也许还有一点儿小兴奋，憧憬着未来拥有无尽可能的人生旅程，规划着自己稳稳的幸福。

毕业季即收获季，英林中学校园里，记录了你们太多值得回忆的青春故事，你们也收获了人生宝贵的财富。三年前，你们还是局促不安且懵懂的高一新生，现在已破茧成蝶，成为意气风发的阳光青年。你们在这里接受了知识的洗礼、智慧的启迪和人格的熏陶，也留下了奋进的足迹。你们与母校结下的不解情缘将永远成为生命中重要的一部分。从今天开始，你们将完成从学生到校友的转变，和以往所有毕业生一样，将被永远打上英中人的烙印，共同承载起"善待自己，善行天下"的文化符号，你们的未来就是英林中学的未来！

今天，你们即将奔赴新的征程，我想给你们提几点希望。

一是要有"善行"之心。我们常喊的口号是"读英中，上大学，闯天下，善待自己，善行天下"，这口号是对"穷则独善其身，达则兼济天下"的最好阐释，我们要牢记"勿以恶小而为之，勿以善小前不为"

我特别喜欢一个人,那就是王阳明,他提出"无善无恶心之体,有善有恶意之动,知善知恶是良知,为善去恶是格物",他以致良知,知行合一,成为"立德立言立功"的一代心学宗师。我期望同学们也常去品读与领悟他的作品《传习录》。

二是要有感恩之情。中华民族自古有"投桃报李""滴水之恩,涌泉相报"的传统美德,新时代的青年有义务传承中华民族的精神宝藏,将之铭刻于心并化为行动。感恩的根源是爱,是对这个世界的善意。愿你们带着这份善意,以乐观积极感染人,以真诚热情善待人,让身边的人因为有你而感到幸福,让世界因你的爱而变得更加温暖。同学们高考时借用考点学生宿舍,临离开时留下的一张张表达感恩感谢与祝福的纸条与一件件小礼物,让我深深地感动:再忙再累,咱们英中人都会谨记感恩与报恩。

三是要有底线思维。我们要以最坏的打算去过最有品质的生活,以平凡、平常、平静的心境去面对生活的方方面面,去造就自己平凡又不平凡的一生。苏轼一生起起落落,甚至多次濒临死亡,但他却坦然地面对一切,留下无数脍炙人口的文学艺术作品,所经之地都能造服人民,留下好口碑。林语堂说其是一个"不可救药的乐天派"。

四是要有规则意识。有次在北京某体育馆,一位未满18周岁的球迷从看台跳下冲入球场拥抱自己喜爱的球星。这一跳虽不必被苛责,也可能为大家平添一些乐趣。但假如有更多球迷也这样跳,每场足球赛就难以如期举行了。因个人的一时快乐呈英雄,可能会引发混乱的场面，甚至导致一场悲剧，这种现象比比皆是。规则无处不在，谁破坏了规则，就有可能给自己与他人带来不便。遵守规则、遵循规律，才会让咱们的生活更为自由自在、和谐共生。

五是要有工匠精神。"执着专注、精益求精、一丝不苟、追求卓越"是中国的工匠精神。正是无数劳动者以这样的精神，既守正又创新，才成就了无数行业能长盛不衰，能屹立于世界之巅。不管是高端的航天技术的形成，还是一件有品质的衣服的生产，都离不开工匠精神。平凡之人只要坚守自己所喜欢的工作必能产生奇迹，创造非凡业绩。我希望你们当中能涌现出各行各业的工匠能手，为自己谋一份自己喜欢的安身立命的好工作，为人民过上幸福美好生活尽自己一份力。

同学们，就要和你们说再见了。我盼望你们一帆风顺，一生幸福。此时此刻，你们沐浴着毕业的荣耀和喜悦，我代表学校向你们表示衷心的祝贺。在这重要和激动的时刻，也请你们和我一道，感谢这一路帮助你们走来的老师、同学、朋友和家人！

同学们，珍重！记得，常回母校看看！

第四章 以善行教育观润泽生命——致学生们

> **善行教育经典语录**
>
> 作为老师要面对的常常是几十甚至上百个学生,要了解熟悉每个人很难。但老师的一言一行,又是无价的,能润泽与帮扶弱小的生命。如果老师能从爱出发,放低姿态,不仅仅当个"旁观者",也能多走进学生之中,做一个"当局者",定能更好地唤醒、激励、引导、成全孩子。
>
> —— 王海墘

第四章 以善行教育观润泽生命——致学生们

坦然迎战 勇敢"韧战"

今天我的心情非常激动，我们有十个班的初三同学要毕业了，我对你们表示热烈的祝贺！另外，今天还有一件事情也让我很激动，因为你们的毕业典礼勾起了我的回忆——四十年前的我初中毕业了。因此，我的心情既激动又幸福。

在座的每个同学，在我眼中都是一样的，都是优秀的孩子。今天你们毕业了，我相信你们都会选择适合自己的路，走出一条属于自己的阳光大道。

我不禁想起今年中考的作文题——《韧战》，这也许是给同学最好的礼物，同学肯定在考场上已写出了自己心中的最好答案！

韧战就是要坦然面对各种挑战，就是要勇敢去奋战，就是要无愧于奋战的结果。首先要坦然面对各种挑战：来自自然的挑战，如地震、台风、各种病毒感染；来自人类的挑战，如战争、车祸、火灾等。这些都可能给我们带来灾难性的后果，甚至毁灭。当然，还有一些好的挑战与机遇，比如我们生活在新时代，会有很多新的机会让我们选择。

同学也许要问：您毕业四十年了，这四十年有没有面对很多挑战，是怎么去面对的呢？四十年前我跟现在的你们一样单纯，记得当时我的初中母校只允许十个同学考到其他更好的高中。我的第一个目标就是能不能成为这十个同学中的一个。

在初一时，我是与其他同学走路去上学的：每天早上六点左右起床、吃饭，然后半走半跑三千米路去上学，风雨无阻，天天如此。初二时几个同村的同学想方设法去学校周边找住宿，免了每天的来回奔波。初三下学期时，我自己去找学校，看看能否给我安排一个住宿的位置。学校说可以跟高中的同学住在一起，但是没有床板，让我自己想办法。当时我挑了三块床板到学校，放在了仅有的一个空床位上。

去学校住宿期间，我只带了一些必需的日常用品，加上一周要吃的地瓜、米、咸菜，晚上很晚睡，早上很早起，除了读书就是读书。到了中考结束后的那天，我的三块床板只找到两块，只能挑着这两块床板走了三千米回家。

也正是因为我选择了一个目标去努力，才顺利地考上了向往的学校，算是了却了我父亲的心愿，也实现了我自己的梦想。这就是我接受的第一次挑战。

高考时，我顺利地考上了泉州师专，师专毕业后我选择到初中母校去教书，六年之后又再次选择回到我家乡的初中校当副校长。

踏实走好每一步，不管是学习还是工作，我都全力以赴。

到了1996年，我被调到一所新办初中当校长。我在这所学校待了六年，学校也成了当时最好的初中学校之一。后来我又被调到三所学校当三所学校（其中一所是兼任的）的校长，直到2018年2月，我来到英林中学。每到一所学校，我都面临着不一样的挑战，包括对自我的挑战，但我初心不变，拼搏的态度不变，"善待自己善行天下"便是我的座右铭。

我们要明白在人的一生中会面临很多挑战，有些挑战你可以选择，有些挑战你必须被动接受并面对它。所以，我们要勇敢去"韧战"。

同学们，学校的蔡老师几乎每天早晚都来到教室辅导你们，且她现已身怀二胎。同时，她为了得到更好、更稳定的公办教师身份，除了认真教学，带好孩子，也如你们一样坚持读书备考，参加教师招聘考试且考上了。有的人会这样想：教毕业班很辛苦，且要带两个孩子，怎么还会有时间去读书？可蔡老师不这样想，她为改变自己的命运，勇敢去挑战自我，以坚定的信念、刻苦的努力、持之以恒的精神，成功地改变了自己的命运。

大多事例都印证着一个道理：我们必须面对各种可选择或不可选择的挑战，要以坚定的意志去"韧战"，至于结果如何不重要，"谋事在人成事在天"，关键在于"韧战"的过程，需要有勇有谋。做到"智者如水，仁者如山"，像水一样灵活机智，像山一样坚毅刚强，去面对生活的各种挑战，最终无悔无愧于自己的人生，自己的生活。我相信同学们一定会做得到，你们一定会成功！

第四章 以善行教育观润泽生命——致学生们

> **善行教育经典语录**
>
> 园丁的思想行动,决定着花儿能否怒放。老师如园丁,如不能点燃学生成长的欲望,又怎能换来百花盛开,人才济济?
>
> —— 王海墘

第四章　以善行教育观润泽生命——致学生们

赠你九个字，助你圆梦高考

今天特别热，家长、同学、老师却都聚在一起，而且一待就是近三个小时，就是为了三百一十九天后让同学们在高考中考出水平，考出精彩。这一点不容怀疑，咱们心里都非常清晰，这便是"同心"！也正因此，师生家长会同频共振，散发出充满正能量的强大磁场，天人感应，让夙愿实现。

我要说的第一层意思是知良知。我看到同学们的挑战书上附有八个大字——超越自我，等你来战。我想它体现了两层含义：一是胜人者力。你要凭勇气去挑战别人，勇敢地接受别人的挑战，在相互的良性的竞争中得到提升与进步；二是胜己者强。人最大的敌人是自己，最大的心魔是自己，只有吾心光明，才能无所畏惧；只有克服自己、战胜自己、超越自己，才能更好地面对各种挑战。刚刚我们用了整整一个小时，表彰了数百人次在不同方面表现优秀的同学。花这样的时间很值得，这也是充满正能量的仪式。所有付出努力的同学都得到回报，尽管回报大小不一，内容不一，但都是对自我的肯定，对彼此的肯定；是对过去的总结，也是对将来的向往，三百一十九天的高强度付出，我们都将得到更好的回报。

我要说的第二层意思是静生慧。我看到有些同学在用课本扇风散热，殊不知，"扇"这个动作要花力气，反而会增加身体热量的输出，会越扇越热。俗话说：心静自然凉，如果这时能做到静，思想集中一处，内心不受环境干扰，就会让我讲的话与你的心灵对话，就会激发智慧的火花。王阳明说："有事心静，无事心定。"一静一定坦然面对自身、面对外界，你就会生智慧，就会迸发出无限的潜力去学习、去解决问题。我来时，走了一圈，发现有一些同学还带着手机、玩儿着手机，上学期年段公告栏也公示了同学带手机的情况。这足以证明一些同学依然抵制不住外界的干扰——这其实很正常。不要说同学手机在手，不会自我控制，就如我本人，在今天的会上也忍不住看手机。理由很多，比如看时间、回信息、拍照片等。所以，同学们务必要自我提醒，坚定信念，拒绝带手机来校，至少到校就把手机交予老师保管。杜绝手机等外界的各种干扰，心无旁骛地向自己的目标前行，就会发现智慧伴随着你。

我要说的第三层意思是事上练。致良知、静生慧，最终落脚于事上练。要做到这一点，需要注意四点。一要持之以恒。有的同学以前壮怀激烈，有很多计划，遇到困难又出现三天捕鱼两天晒网的状态，为宽容自己寻找借口，结果可想而知。人必须耐得住寂寞，咬住青山不放松，以坚韧不拔的意志，持之以恒的精神，才能实现梦想；二要不厌其烦。今天只是一场两个半小时的会，有些家长、同学就觉得不耐烦了，殊不知接下来的三百一十九天，多数的日子我们要从早七点至晚上十一点"泡"在教室，我们要学很多知识、做很多题。如果你多做题、多背单词就心烦意乱，就不能走得远，就掌握不了足够的知识，这样的话，如何面对高考？三要讲究策略。

凡事皆有窍门，有不同的解决方法，不同学科也有不同的学习方法。我们要在学与做的过程中去追寻学科的本质，构建学科知识体系，提升学科素养。不要埋头一昧做题，要多进行反思，多复盘总结，不要事倍功半、无功而返，而要事半功倍、举一反三；四要会自我调节。该吃饭专心吃饭，该睡觉专心睡觉，该运动专心运动；偶尔一群人在草地上做做游戏、唱唱歌，让身心得到调整与放松，以更好的身心状态去奋斗，才挺好的。

致良知、静生慧、事上练九个字送给大家，助你们圆梦。请大家记住咱们的口号：读英中上大学闯世界，善待自己善行天下！

明年6月，同学必考出水平，考出精彩！

善行教育经典语录

教育就是如此，必须给孩子自由自在的成长空间，不能给予太多的限制和干预。我们只要在关键时刻拉他一把，扶他一程，在他迷茫忐忑、偏差犯错时，适时给予唤醒、点拨、激励。这样，才不会让孩子一直处于被动状态，不知何去何从，迷失方向，被无休止繁重的作业压垮，不能享受生活，不能感受学习的真正乐趣。

—— 王海墘

磨炼自己,以善行天下

同学们好!

首先我代表学校欢迎近一千一百名新同学、新老师加入英林中学,也祝全体同学在新学年生活愉快、学习进步!

每个新学期我都会给同学们一些寄语,但是今年不知要聊些什么了。我就把前几天与一些家长、同学的对话,跟同学们分享一下吧!

在新生训练结束后,有位高一的家长告诉我,他的孩子不争气,来英林中学三天哭了三个晚上,说太想家了!我回家长:"你要为孩子的哭高兴,说明他爱家、恋家,他初次外出,舍不得家,在外更深的体会到家庭的温暖,感觉家是幸福的港湾。爱家的孩子一定不会坏到哪里去,反而会更加努力来呵护这个家,以后他必然会努力让这个家变得更好。"想家的孩子都是好孩子,而来到了学校后,也会把学校当家一样去爱护;到了社会,也更懂得融入与包容。

有一天我遇到几位新同学,他们对我说:"初来英中感觉有点挤:住宿、洗澡、用餐、上厕所都得等。但到了运动场,心情很舒畅,特别是晚上的运动场如白天一样,运动起来太方便了。"我回这些同学说:"你们很辩证与客观,学校的优劣都谈到了。你们一定会从开始的不适,到逐渐适应,然后再不断去改变。三人成众,遇到人多时,懂得先来后到,依次排队等候,既节约时间又彼此互相成全,我们的文明程度也更好了。在学校正是有很多的细节,需要你们通过种种行动和语言的改变,让你和学校越来越好,这也是学校培养人的很主要的方式。在学校里不仅要学习知识,更要培养一些素质。"

在我们的学校,在我们家庭,在我们学习过程当中,所遇到的各种困难,都是对我们的一种挑战,也是在磨炼我们,让我们更成熟,让我们学会如何友好地相处,如何做到有益于他人。所以,同学们要做到吃好、睡好、锻炼好,学好、讲好、应用好。让我们不断锤炼自己,让自己成才。我相信我们大家一起努力,一定会做得到!

第四章 以善行教育观润泽生命——致学生们

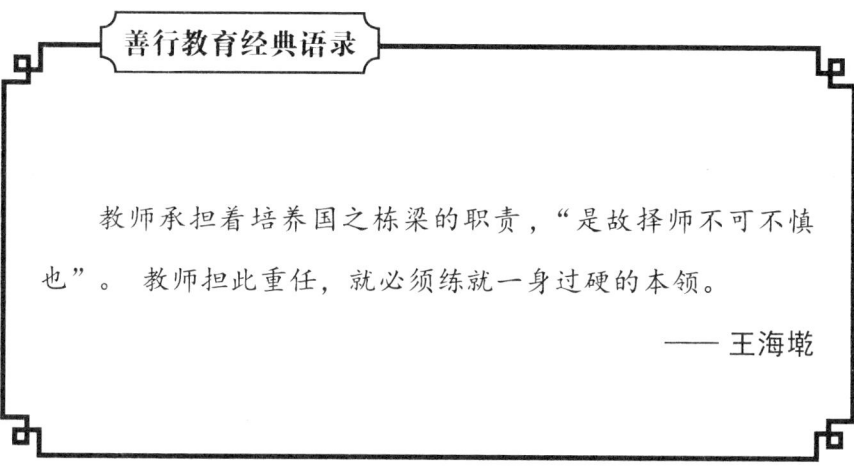

善行教育经典语录

教师承担着培养国之栋梁的职责,"是故择师不可不慎也"。教师担此重任,就必须练就一身过硬的本领。

——王海墘

附：师者眼中的善行教育

爱与善同行 师生共成长

吴耀荣

善行教育是一门教育艺术，它是正确的教育理念、清晰的教学思路、灵活的教育机智的综合体现。因为善行教育需要教师恰当的评价、适时的点拨、精心的铺陈、真诚的谈心，甚至做到在不经意的举手投足之间，都能给学生以新的体验和启发，从而开启学生的心扉，培养有理想、有担当、有本领的学生。

教师要践行善行教育，以爱心育人，积极为每一位学生的健康快乐成长奠基，让善行教育的种子在学生的心底悄然发芽。作为一名教师，我们要有严师的风范，更要有慈母的情怀，在教育和转化问题学生时，更要帮助学生重构一种健康快乐、积极向上的阳光心态，点燃学生的心灵，点燃学生的希望，让每一位学生能共享爱的阳光，能善待自己，幸福成长。我们相信待到他们毕业之际，定会拥有优雅的言行、良好的素养、阳光的心态和健康的体魄，不管走向何方，都能善待自己，心存感恩，笑对人生。

记得高一时,小杨同学经常被我叫到办公室进行批评教育。期间,我发现他一直在为自己的行为找借口,说谎的意识很强,似乎在隐藏内心的想法,对我所说的话,也是敷衍了事。说教对于他来说是行不通的,应该如何着手改变他?我一直在思考。后来,通过家访,我了解了小杨的家庭教育情况,意识到唯有走进学生的心灵,去关爱他,去善待他,去发现他的闪光点,去激励、鼓舞和信任他,也许他会慢慢地反思自己的行为和错误。

有一天,屡犯错误的小杨又因为违纪携带了手机,被班主任带到办公室准备批评教育。小杨无所谓的态度,让班主任火冒三丈,要求我这个年段长要严肃处理他。这种剑拔弩张的场面,让我意识到问题的严重性,按照常规处理估计很难见效。我让班主任调整情绪,把问题交给我来处理。这时我没有批评小杨,而是告知他,我想了解他的真实想法,于是找了个辅导室,与他进行面对面交流,主动倾听。

种瓜得瓜,种豆得豆,教育也是这样。后来,小杨告知我,以前初中的时候,班主任对他处处刁难,而且时不时就叫家长,久而久之,他就产生了一种错误的意识:老师经常故意地刁难他找他麻烦。慢慢地,他开始为自己的各种行为找借口,以此来摆脱老师对其的纠缠不休。每次老师找他,他错误的意识让其认为自己不应该因为一件小事就要受到"如此的待遇"。这一次,班主任如果强行让其认错,对他严肃处理,我想肯定又会加深并影响他对班主任的错误看法。而爱说谎的行为可能是他初中时为了应付老师而养成的一种下意识的行为。

"善待自己,善行天下"的教育理念,促使我对解决小杨的

附 师者眼中的善行教育

问题有了精准的思路：是通过爱和善行，点燃他的希望；通过家庭教育指导让家长学会转变观念，对孩子有更多的期望；积极与学生交谈，激励鼓舞学生学会善待自己。后来，我跟小杨有了更多轻松的无目的的交谈机会，使我更深入地了解了他的思想状况。由于平时随意的沟通，带着善意，让我们的关系处于一种轻松的状态，他也就慢慢地告诉我，他很怕因为犯错误被老师当众说教，为了避免这种情况的出现，他就下意识地想到说谎了。他也认为我说的话很有道理，如果我很信任他，给予他时间，他会努力改善自己的——但是不一定能够让我满意。

掩卷反思，爱是感情的纽带，是教育的动力源泉，是打开学生心灵的钥匙。我们的确需要爱的教育，而爱的教育本身也是一种善行，教育可以说是一个行善的过程，是对学生成长的欣赏，也是对生命的欣赏，在善行中付出必能在善行中收获。善行教育是一种积极主动的无声呼唤，需要我们注入爱，很多时候，学生的豁然开朗、顿悟清醒，也许就在我们耐心种下善行这颗种子的一刹那之后。

让爱和善传递下去

曾国钢

夸美纽斯曾说过：教师是太阳底下最光辉的职业。作为人民教师，我很赞同这个观点，也一直引以为傲。从教二十几年，我从一个懵懂的毕业生悄然变成了一个"中年油腻"大叔，送走一届又一届毕业生，发际线也随之不断升高，银丝斑驳在阳光下，点缀头顶。容颜已改，青春不再，不变的是那份依然坚守的教育初心——植根于三尺讲台，耕耘于一方教室，用知识和爱善去浇灌那片承载未来的沃土。

教师承担着传播知识、传播思想、传播真理的历史使命，肩负着塑造灵魂、塑造生命、塑造人的时代重任。教师的一句话往往就可能影响和改变学生一生。二十几年教育春秋，有喜怒哀乐，也有酸甜苦辣，让我深深懂得了：教育的本质就是一棵树摇动另一棵树，一朵云推动另一朵云，一个灵魂唤醒另一个灵魂；有什么样的教师，就有什么样的教育；有什么样的教育，就有什么样的学生。学生常常把教师对自己的关心、信任、爱护等与教师的评价联系在一起，于是教师的爱心与善念这种情感实际上就被转化为一种社会环境因素，在每个学生心目中具有不同寻常的分量。由此可见，爱与善对教育好学生是多么重要啊！

附 师者眼中的善行教育

两年前,年段有个叫涛的学生,刚升初一时,他上课无精打采,一直无法认真听讲,不是搞小动作,就是捉弄同学,影响别人学习;下课嬉戏打闹,喜欢爆粗话和动手动脚;中午不但不休息,还顶撞劝告的同学;作业敷衍了事,字迹相当潦草……任课老师、学生纷纷向我告状。于是,我找涛谈话,希望他能遵守学校的各项规章制度,以学习为重,按时完成各科作业,认真听讲,争取进步,改正不良习惯,努力做一个父母喜爱、老师喜欢、同学尊重的好学生。一开始他总是一副爱理不理的样子,后来口头上勉强答应了。可没过几天,他又一如既往,吊儿郎当,此时我的心都快寒了,想过放弃,但又觉得身为德育工作者,不能因一点儿困难就退缩,不能因一个问题学生无法转化而影响整个班集体,甚至整个年级,必须要勇敢面对现实!我内心一横,一股不服输的精神立即涌现出来——不转化你,誓不罢休。

为了更有针对性地做涛的思想工作,我联系了他的家长,争取能获得更多的相关信息。可没想到却被告知,涛的妈妈发生了车祸,撞到头部,住在医院里,过几天要开刀做手术。听到这个消息后,我内心久久不能平静下来,意识到这孩子现在最需要的是关爱,而不是批评。毕竟这个意外对于一个十三四岁的孩子来说,打击实在太大了。我决定先帮助涛接受这个事实,面对现实,危机就是转机,也许现在就是最好的转化时机。于是我再次找涛谈话。谈话中,我了解到涛十分担心自己的妈妈,而且还希望能帮爸爸分担些什么。我知道转化的机会来了。

我轻声问涛:"你知道为什么你妈妈会发生车祸吗?"

涛很伤心地回答："因为她和爸爸要四处做事赚钱。"

我追问着："那他们这么辛苦为了谁呢？"

涛说："为了我和弟弟。老师，我想请假，我想要帮忙爸爸照顾妈妈。"

"老师理解你现在的心情，你是一个敢于担当的好孩子。但是，你还小，你现在要做的事不是去照顾妈妈，而是要改正不良行为，好好学习，不要再让爸爸、妈妈担心！相信你妈妈很快会好起来的。你要怎样做才好呢？"

"我从今天开始一定要好好遵守纪律，认真听讲，认真完成作业，不让爸爸、妈妈担心……"

"男子汉要说到做到！"

"好！"涛郑重地点头回答。

后来，随着他妈妈的康复，无论是在纪律上还是在学习上，涛都有了明显的进步。当他有一点儿进步时，我就及时给予表扬和激励，让他感受到爱与善的温暖。慢慢地，涛也逐渐懂事了，改掉了很多不良行为，学习态度也越来越端正。

爱和善是可以传递的！为了更好地帮助涛提高学习成绩和端正行为，除了在思想上教育他、感化他，我决定带动更多的人去帮助他，真正把爱和善传递下去。于是，我协调涛的班主任安排他到班长所带的小组，那是一个责任心强、学习成绩好、乐于助人的学习小组。我交代班长尽最大努力，调动班级力量，耐心地帮助他，动员全班同学平常心对待他，尽可能去包容、帮助、监督他。在全班同学的帮助下和涛的努力下，他在各方面都取得了很大进步。涛的

附 师者眼中的善行教育

自信心也不断增强,更努力学习了,更遵守纪律了,更积极劳动了,甚至还主动当起了值日小组长,开始帮忙协助管理和服务班级。

大家都很赞叹于涛的转变,也都很想知道到底是什么让涛转变。

后来,在一次和涛谈话时,我问了他原因。他非常郑重地回答道:"爱与善!爸爸、妈妈辛苦工作,又这样关心我、爱护我,还有老师、同学也这么热心帮助我,是大家的爱与善深深感动着我、激励着我,如果我再不努力,对得起所有爱我的人吗?"我笑着说:"涛长大了,懂事了!老师真为你高兴啊!你会把爱与善传递下去吗?""会的!"涛快速回答道。看着他坚毅的眼神,我的心里像是喝了蜂蜜一样甘甜。

当你的爱心、你的善良、你的温暖可以感动任何人的时候,爱与善传递了,教育也就发生了。善待自己,善行天下,我们将继续秉承学校"点燃颗颗英中心,成全济济英中才"的办学理念,实施善行教育,努力让每一个英中学子成为最优秀的自己!

善行不息，教育有力

柯志仁

一路走来，无论是在讲台上不断演绎着自己平凡的教育人生，还是在各个管理岗位上践行时代赋予的育人理念，都深深感受到了教育的力量源泉——善行。

何为善行？它是使人免受折磨、惩罚或痛苦的仁慈行为。它是教育的初衷，善行将使学生在成长中少走弯路，直奔幸福。同时善行也赋予教师责任与灵魂，照亮前行之路，把善不断传递给学生、传递给社会。

善行，是激情之源。在我们身边，常有老师慢慢地被磨去锋利的棱角、创新的欲望，教育热情逐渐淡化。这种职业倦怠往往是因为工作重压下产生的身心疲劳与能量耗竭，这和肉体的疲倦劳累是不一样的，而是缘自心理的疲乏。如何克服教师职业上的倦怠感，重新找回对工作的热情？个人认为应该恪守己身，不忘初心，从善行中去寻找答案。

善行并不遥远，它就在我们身边。王婉玉老师是英林中学2020届五朵金花之一，她给大家的印象是：富有激情、动力十足；善于思考，勇于实践；认真负责、低调沉稳；体恤师生，充满爱心。王婉玉老师只要有空堂，就会自觉参与听课；每遇到困惑，就会与

附 师者眼中的善行教育

其他教师沟通,争取把问题解决掉;同事有求、学生有难,必会主动伸出援手。可以说,她是英林中学善行教育的践行者。也正如此,同事们很乐意称她为金花,这是对她工作态度、教育理念的一种肯定,也是传递善行教育的一种方式。王婉玉老师的善行教育,不仅使得自身课堂有了条理清晰的剖析,从容睿智的教风,生动形象的语言和跌宕起伏的激情,而且为年段注入了一股蓬勃向上、昂扬进取的精神动力。越来越多的年段老教师深受影响,重燃激情;年段新教师则是锤炼初心,坚定善行,他们一起认真备课、钻研考纲、主动下班、用心辅导、走访宿舍……演绎自己的精彩教育故事。激情往往只因身边有一位激情澎湃、肯于善行的老师。

其实教师心中都有善行之心,也都不敢忘"学高为师,身正为范"的教育誓言。只是由于迫于家庭压力、工作繁杂等因素,个别老师慢慢迷失自我。唯有责任支撑着前行,识得本心,才能开悟济世;拥抱本心,才能回归真我。

善行,是力量之源。我国教育提倡德、智、体、美、劳全面发展,德是放在第一位的,可见德育的重要性。我校一直推崇的是善行教育,并使之成为学生们的人生灯塔,逐渐影响他们的人生观、价值观和世界观,在此基础上进一步完善自身的修养和提升综合能力。

特别是高三的学生,更应该是善行教育的卫道士。为何这么说呢?讲善行,践善行,得善果。2023届高三(7)班全体师生非常重视善行教育,他们的班级理念是"做人以德,厚德载物;学习以积,厚积薄发";他们的班级目标是"做最好的自己,创最好的班级";他们的主题班会是"心存阳光,遇见美好""感恩遇见,携手奋进"。

在善行中，他们互相关怀，互相勉励，一起晨读，一起跑操。善行就在他们口号中，就在他们的学习中，就在他们的生活中。善行铸就了高三（7）班坚强的团队力量，成为学子向前的永恒动力。自从步入高三，本不被看好的他们在善行教育的熏陶下，势头强劲，成绩一直稳定提升，是2023届文科取得优异成绩的一大助力。

善行教育的好坏，不仅关系到个体的未来成长，更是间接影响着班级团队的成绩高低，乃至社会文明的价值取向。

人无德不立，业无德不兴。学校加强善行教育就是筑建我们美好未来的正确认知和做法。我们要使学生在理想的驱动下产生强烈的责任感和使命感，从而树立正确的人生观、世界观。

道阻且长，行则将至。践行善行教育，离不开每个群体的共同作用，也离不开个体的努力和配合。《礼记·曲礼上》："博闻强识而让，敦善行而不怠，谓之君子。"教育从心从善，方能得人得才。

附 师者眼中的善行教育

师者如光 微以致远

黄海咏

傍晚的校园，夕阳渐渐西下，操场西边的云像被点燃了一样，成了一朵朵、一片片绯红色的花海，映得校园红色的塑胶跑道更为鲜艳。几个学生如离弦的箭般从起跑点冲出去，快至终点处，发出狼吼般的声音，打破了校园的宁静。而站在跑道旁边拿着秒表指点江山的身形瘦长的人正是老李。

老李是我校的体育老师，他其实一点儿都不老，但从一开始我们就叫他老李，这里面多少有敬重的意味。他的专业素养极好，虽然我从没见过他打排球，但他却曾带着校园排球队拿下了全国中学生排球赛第二名的荣誉；他带高考体育队，曾带出全省第一名的好成绩。

自然，成绩的取得除了他过硬的专业素养外，还需要他敬业的工作态度。每天下午放学后，沙坑旁、体育室内、跑道边都有他的身影，日复一日。风大天冷，他说是训练学生的最佳时机，于是顶着风带着学生在那条斜坡路上一遍遍地训练。他站在旁边，不断地提醒学生注意动作要领，身形消瘦的他立在寒风中，给人一种沉静坚定的力量。遇下雨天，他便领着学生在室内训练体能，他说体育训练是一天都不敢落下的。于是狭小的体育室中，他观察着每一个学生的训练动作，有时候还拿出手机在上面写点什么。

体育生中总有些桀骜的，但个个都挺服老李。因为他们知道，老李真心为他们好。对于这些在文化赛道上已经备受挫折失去自信的孩子，老李会不断地鼓励他们：学习成绩不好总排在年段后面，也不要看轻了自己，我们靠体育见长，也能上不错的大学。为此，老李没少付出心血。

有次有俩女生想偷懒，央求着他少跑两圈。他执意不应允，让她们必须跑完这两圈才能回去吃饭。于是，女生在跑第二圈的时候趁着老李不注意就抄近道了。老李看着突然提升的成绩，心里当即明白，但他什么也没说，让学生先回去吃饭。待下次训练时，他说："不会偷懒的运动员不是好运动员，但偷懒也要有偷懒的方法，人家偷懒是为了进步不是用来退步的。"作为体育老师，这不动声色地做思想工作的能力也丝毫不输其他文化科的老师啊。体育高考结束后，老李口头上说我的任务完成了，现在就看你们文化科的老师了。但他的心却记挂着这些学生，经常跑去年段问体育生的平时表现与文化成绩，一有情况，就会鼓励学生。

因为训练时间的特殊性，总会耽误了吃晚饭，老李顾好了学生，却忘记了照顾好自己。突然有一天，那个在我们眼里连病都不会生一次的老李竟然病倒了，而且还比较严重。这才想起，老李近段时间变得越发消瘦，有时候在沙坑旁看他训练，他话极少，实在要指出学生动作问题，声音都有点儿弱，原来那个时候他已经是带着病痛在坚持训练。再后来，他不得已请假了，住院前发了一份文档给接他班的体育老师，上面密密麻麻地写了每一个学生每天要训练的内容，以及他们的表现。

以爱相伴，向善而行

张润泽

海洋是生命的摇篮，海纳百川，有容乃大，博大包容是海洋的品格，也是海洋文化的精髓。英林地处东南沿海，正是这种海洋文化孕育着世世代代的英林人，爱拼敢赢，行商天下也善行天下。

初到英林，时处一级达标复检关键期，英林党政与各界贤达齐聚英中，就助力英中迎检进行会商。当时洪忠信董事长说的一段话让我记忆犹新："一级达标牌子一定要，所以是讨论要怎么投入而不是要不要投入，硬件我们来，软件学校来！"英林各界对慈善的热爱与投入，深刻诠释了何谓上善若水，"英林心"以汇聚推动英林发展的正能量，为英林百年发展奠定基础为己任，更是令人钦佩！经过近三年的努力，校园改扩建有序推进，各项软硬件指标均得到大幅度提升，学校也顺利完成了一级达标复检。而"英林心"每年在奖教奖学、教育建设等的投入，更是给我这个初来乍到的教育工作者带来了强烈的震撼——慈善小镇，果然不同凡响！

文化是深入骨髓血液的自觉反映和行动，是一种无意识。在英林，慈善就是一种刻在骨子里的文化，这就是英林中学推行善行教育的土壤，这与英林的慈善文化实际是一脉相承的，是立德树人、育人任务的整合乡土资源的校本化体现。

当然，从慈善文化的传承与传播到创新与发展，可能是一个漫长的过程，学校的善行教育就是要在学生心中种下一颗慈善的种子，并让它生根发芽；就是要让学生通过强烈的感染，而内化为自身的"善"的行动，并进而传播"慈善文化"去感染更多的人。

教师是推进学校教育理念落到实处的执行者，学生是善行教育的传承者，只有知善才能从善、扬善。知善即能感受到善，从而形成一种文化认同。要让师生知善，其一学校应善待教师，了解教师的生活和工作需求，为教师排忧解难，让其安心从教；积极为教师搭建平台，助推其专业成长，让教师能充分感受到幸福感、获得感，从而产生使命感。其二教师应善待学生，所谓学高为师，身正为范，教师的职责是传道授业解惑，传道在前，育人为本，所以一名合格的教师首先必须师德高尚，身体力行，引导学生追求真善美，夯实自己梦想起飞的平台。而善待学生就是要走进学生，既注重外在关怀，更注重内在唤醒，激发出其内心"善"的意念。其三学校应重视实践，正所谓"纸上得来终觉浅，绝知此事要躬行"，学生的亲身体验更能感受行善之乐，使其学会责任与担当，达到人格的自我完善。

几年来，英林中学的善行教育体系逐渐完善，通过善行党建的高位引领，推进"下沉一线，善行有度"党建项目，对学校工作进行整合，通过对"人财物时空信"进行重新赋能，推动了学校教育教学质量的全面提升。慈善文化也获得了师生的认同，社会的认可。善行教育下的英林中学，校园温馨，师生为"点燃颗颗英中心，成全济济英中才"携手奋进，为善行天下而努力夯基，善行教育已在英林中学深深扎根并茁壮成长。

附 师者眼中的善行教育

以善育善，行己致远

余小珍

善行教育是王海墘校长来到英林中学之后推行的教育理念，并在学校各个层面推广开来，几年来，不仅渗透于老师们的日常教育教学工作，也践行在每一位英中人的言行之中。

善行是在你受挫时，传递一个理解的眼神，说一句鼓舞人心的好话，还是给予一个温暖的拥抱？我想只要是能用善心引导行为，以善行引领传递，任何的教育行为都称得上是善行教育。

今年，晋江市教育局设立了三月为中小学校家访月，明确了家访率要达到100%，要求各中小学校把学业困难、家庭困难、留守儿童、新晋江人等十类特殊学生作为"十必访"重点对象。为了进一步落实文件精神，更有效地做好家校联系工作，我们高三年段也在这期间走访了几个特殊的家庭。有一个男孩儿是前两届的休学生，因为压力太大，导致出现严重的心理问题，幻想同学说自己的坏话、进入班级就无限紧张，甚至产生轻生念头。高二刚接手这个孩子的时候，班主任和年段领导都怀着忐忑的心情，因为此时已是孩子两年后再次踏入英林中学的校园了。原以为有了两年的专业人士介入调适，孩子应该问题不大，但现实却是孩子依旧紧张异常、依然非常在意别人的眼光，遇到一点儿小事就退缩害怕、逃避回家。班主任多次沟通无果，便向我求助。

那天这个孩子又出了状况，我便叫这个孩子与我一起到操场跑两圈。跑第一圈时，我没有说话，明显感觉到这个孩子惴惴不安。跑第二圈时，我还是没有说话，孩子虽然有些紧张，但更多的是有点儿累，有点儿喘。跑第三圈时，我也没说话，只有彼此的喘息声在空气里弥漫着，我用余光扫了一眼这个孩子的反应，此时的他累得气喘吁吁，似乎忘了紧张。跑完三圈，我问他累不累，他有点儿不好意思地说了一声累。我继续追问："累归累，但爽不爽？"他不好意思地笑了，没说话，只是点了一下小脑袋。接着我带着他在操场上又走了几圈，我们边走边聊，不谈学习，只聊跑步的体验。

有了这一次他对我敞开的那一点儿缝隙，我似乎看到了教育切入的微光。

我告诉他以后但凡紧张或心情不好的时候都可以约我一起跑跑步。他听完后想了想，接着羞涩地点了点头。从此以后，夜晚的操场里时常有我们的身影，从生活小事到人生理想，我们交流着彼此的看法。

在这期间我又跟他的班主任协商如何更好地帮助这个孩子尽快走出自限，接受集体生活。从入户家访沟通、调换班级座位、寻找合适的同桌，到及时的夸赞表扬、精心的一对一作业设计，以及有节奏的心灵沟通、适时的陪伴倾听……孩子变得会笑了、爱笑了，还交了新朋友，成绩由班级末尾走到中上水平，只是偶尔会犯一点儿小错误，一切慢慢地慢慢地向好的方向发展着。

今年三月再次来到他家，看到孩子父母脸上洋溢的笑容，我想，

附 师者眼中的善行教育

这一年多的用心教育是有意义的。

　　有人说：教育归根到底是为孩子的幸福生活服务的。的确，身为教育者，我们的眼里不能只有分数，在分数之上更应该用心引导孩子，培养其高尚的品德。不是每一个孩子都能成为优秀的人，但是，我们以善心引导，用善行示范，我想"让每一个孩子成为最优秀的自己"的理想并不遥远！

善行教育的思与行

蔡荣东

英林中学在五年前以乡贤捐资办学等为入手点，以知恩、感恩、报恩为主线，推行感恩教育。之后，校长高瞻远瞩，立足本校实际和英林本土特点将感恩教育升华，形成了"善待自己，善行天下"为核心的善行教育思想。

作为一名学校的德育工作者和一线教师，一直把善行教育贯彻到平时的教育教学工作中。以下通过两个案例来谈谈自己对善行教育的理解。第一个人是本人担任班主任期间经历的，第二个是其他班主任的教育案例。

教好一个学生，幸福一个家庭

这个故事发生在2020年临近高考的时候。就在学校组织喊楼的那天晚上，我突然接到一位家长打过来的电话，说他女儿正在宿舍哭，让我赶紧去看下发生了什么事儿。挂了电话，我立马跑到班级询问班长发生了什么事儿。原来那位在宿舍哭的同学跟班长在闹矛盾，但喊楼的时间也快到了，于是我就先去宿舍把那位同学喊下来，想等喊楼完再来处理这件事。喊楼过程中，这位学生的家长发了二十几条语音，全部都是叫我要赶紧处理此事，而且态度很不好，说她女儿被欺负了，一定要讨回公道之类的话。喊楼结束后，我把

附 师者眼中的善行教育

这两位同学叫过来分别单独谈话,同时把班上一些了解情况的同学也叫出来问话。原来是那位在哭的女生跟别人说了班长坏话,班长找她质问,她可能理亏也可能想要寻求保护,于是就跑回宿舍打电话给家长诉苦,说是同学诬蔑她,家长相信自己的女儿,于是就有了前面说的那二十几条语音。一边是需要讨回公道的班长,一边是情绪激动,拒不认错的学生。面对这种情况,时间也比较晚了,于是就先把她们两个安排回宿舍了,明天再处理。

  回到宿舍,那个晚上我失眠了,心里都在想着这件事要怎么解决。每个学生都是不同的个体,不同的学生应该有不同的对策。这时我回忆起了一个细节,就是在布置周末作业的时候,发现班上只有这个女生是没有手机的,她家家教非常严格,她很听家长的话。这样的小孩往往没有主见,而且遇到问题就想找父母庇护,可以说是比较幼稚。通过与这个女生的家长的交谈,也了解到了原生家庭对这位学生的影响是非常大的。后面我就决定从父母这边入手,通过父母去教育学生。第二天这个女生的家长主动要来学校,并且代自己的小孩向班长说声对不起。她家长在临走前,对我说的最多的一句话是,不要因为这件事而对她的女儿另眼相看,我表示不会的。是的,我们自己也是为人父母,知道可怜天下父母心,尽管在日常教育教学中会遇到各种各样的"问题学生",但是我们都不应该放弃他们,因为他们承载的也许就是一个家庭的希望。那天刚好是周六,接着他们就把女生接回家了。周日晚回来,女生主动来找了我,说自己知道错了,她想向班长道歉。那一瞬间我的眼眶湿润了。

因材施教，以善育人

2023年春我随高一（5）班的班主任庄老师，到刘城昌同学家里家访。其实，刘城昌同学并不在那次庄老师家访的名单中，是结束了上一家的家访，鲍日彬同学告诉庄老师，刘城昌同学家离这边很近，从这里走过去，十分钟就能到。

其实，从下午两点开始，庄老师已经马不停蹄地家访了三个对象，眼见天色渐晚，雨也有越下越大的趋势，我以为第三位同学家访完之后就能结束今天的工作，结果，她听到刘城昌同学的家也在这附近，立刻来了兴致，先是打了电话联系了家长，回头对我说："辛苦蔡老师，再和我跑一趟吧，能多家访一个是一个。"刘城昌同学是她班上的副班长，平时也能经常听到她提起这个名字，一路上，她简单地和我介绍了刘城昌同学的情况：学习勤奋刻苦，工作认真负责。"但是，他与同学的关系比较疏离，高一刚进来的时候开班委会，他一直建议我要采取法家的手段来管理班级。"

"为什么？"没等回答我的问题，不远处已经出现了刘城昌父子的身影，她大步向他们走去。

从一个不大的工厂宿舍公寓的前门进去，穿过一个狭小的过道，顺着楼梯走上了五楼的员工宿舍。打开门，一间小而简陋的房间映入眼帘。家具都极为朴素，一张折叠饭桌中间还摆放着中午吃完来不及收拾的碗筷，旁边是刘城昌同学的学习资料。打过照面后，他的家长就要下楼了，留下我和庄老师一脸迷茫：话都还没说上呢，家长怎么就走掉了呢？庄老师赶紧让刘城昌同学把家长喊回来。刘城昌同学才支支吾吾地解释，原来是快到饭点，家长要去准备晚餐。

附 师者眼中的善行教育

我们赶紧让刘城昌同学打电话,说不用如此。刘城昌同学打电话的时候,用的是方言,但听得出来态度颇为粗暴。我正疑惑着这个学生怎么用这种语气和家长说话,庄老师已经在旁边说:"刘城昌,和家长说话语气好一点儿。"

在等家长折回的空隙,我和他闲聊起来。聊到他的妈妈,他也吞吞吐吐,不太愿意说。后来才了解到原来这是一个离异家庭,父母在刘城昌同学初三那年大闹了一场后便离了婚,因此给刘城昌同学造成了很大的心理压力。我现在终于明白庄老师在路上提到的刘城昌同学和其他同学疏离的真正原因了。

家访最终是在父子俩开诚布公的交流中落下帷幕的。刘城昌同学一直把我们送出了公寓的大门,我看到他和庄老师还低声地交谈了几句才转身回去的。回去的路上,我问庄老师刚才和刘城昌同学说了什么,庄老师笑着说:"我和他说,他是我这几次家访中,唯一一个把老师送到门口的学生,不同于一开始暴躁、易怒、无礼的刘同学,我看到了一位待人接物彬彬有礼的刘同学正在长成,并相信他一定能成为谦谦君子。"

我很惊讶,成长于这样的环境中,这样的孩子要和家庭和解,和他的父亲和解,和他自己和解都相当的不容易。

"你是如何做到的?"

"我们班的那盆绿萝养护是我安排给他的任务,他每天要及时浇水,清除枯黄的叶子。现在,那盆绿萝很健壮。我相信,一个能用心照顾好一草一木的孩子,也一定能慢慢感受到这个世界对他的善意,并且把这种善意传递下去……"

在这两个案例中，我们可以看到这两个学生，其实都是我们所谓的"问题学生"，但是老师们始终以善为导向，根据学生的特点，找准方式方法，以善育才。我想善行教育的核心，应该是育人者首先应该是善的，不抛弃、不放弃每一个学生，用自己的善感化每一个学生，从而使学生也满怀善念。

"择善而为"的一群人

戴荣标

善是中国传统文化儒、释、道共同推崇的核心内容，也是做人的基本品德。善行教育是王海墘校长2018年2月到任英林中学后，在深入体验"乌篮"情怀，感受到英林中学教师精勤善导的教风的基础上，提出的办学思想。在近五年的办学实践中，晋江电视台、晋江经济报先后几次报道英中人的善行，如：2018年高考吴老师的"背"影，2020年英中学子赴"汉"抗疫，2021年的教师护考"彩虹路"等。择善而为更是英中人一道亮丽的风景线。

"择善而行"出自唐代魏征《十渐不克终疏》中的"此直意在杜谏者之口，岂曰择善而行者乎"，可以说，善良无处不在，希望就无处不在。

曾看过这样一则寓言故事——《盲人提灯笼》。

在漆黑的夜晚，盲人提着灯笼在路边走，路上有行人就忍不住问他："您自己看不见，为什么要提个灯笼赶路？"

盲人笑着说道："其实道理很简单，我提灯笼并不是为自己照路，而是让别人容易看到我，不误撞到我，这样就可以确保自己的安全。而且，我为别人带来光亮，人们也常常感激我，会回过头来热情地搀扶我，助我走过无数个沟坎，避开了很多危险。"

我认为在英林中学，我们的老师虽不是盲人，但都有盲人的择善而为的品格。

我们英林中学教师的平均年龄在40岁上下，正在步入"上有老下有小，中有考生郎"的年龄。如刚毕业的高三毕业班就有两位老师，自己带也毕业班，子女同年也要参加高考。我们老师就是从事教育这一行，更是明白高三的重要性，而且高三的教学压力和教学时间要比其他基础年段重很多，平时辅导学生的时间也很长，几乎没时间关注自家孩子的高三年冲刺高考。两位老师接到上高三年级的教学任务，没有任何怨言，在平时的教学工作中，和其他老师一道，"精勤善导"恪尽职守。高三一年下来，她们甚至都没有请过假，平时辅导学生也是到很晚——晚上十一点左右校门口总是有几个急匆匆回家的身影。

这年高考，两位老师的孩子最后也取得了好成绩。善能生善，善能促善，择善而为，生活中的每一份善意，都会生出更多的善。

英林中学像这两位老师这样择善而为的老师还有很多。如2022年3月，为配合抗疫的需要，英林中学设了医学观察点，我们很多老师义务为医学观察人员服务，配合做好观察点的各项工作。

如今，择善而为正在为英林中学善行教育注入更丰富的内涵，体现在英中更多教育管理细节中。

2022年9月，接到一位高一的学生的申请，中午要回家休息。因高一年级刚刚成立不久，诸多规则还在建立之中，这个申请无疑对年级管理和班级管理提出了挑战。在了解这个学生休学背后的故事后，班主任林老师提出，在维护好管理规则的基础上，提出"同意"的建议。后来我了解到，林老师在做出决定之前和这个学生做了多次的交流，并和家长做了多次的沟通。本着呵护每一个学生健康成长的目的，才做出这样的建议。当然，她所要面对的班级管理压力也随之增大不少。经过近一年的观察，该学生不管是从心理上还是成绩上都有较大的进步，成绩甚至跃居年段前二十名。

心存善念，择善而为，选择有益的事去做，播种善良才能收获希望。

在英林中学，正是有这么一群择善而为的人，每天以平凡的善为，播种每一个微小的善意。善待自己，善行天下，使善行教育的办学思想在英林中学办学历史中生根发芽成长。

后记：从教35载，善行弥坚定

弹指一挥间，不知不觉我已从教三十五年；在乡镇与农村中学任校长已二十八年。三十多年来，我为自己扎根晋江乡镇这一教育乐土，为"办人民满意的教育"尽一份绵薄之力而自豪；为任教过的学校在党和政府的领导下保持良好的发展态势而自豪。

一、不忘初心，矢志不移杏坛路

1986年我读师专时，时任新加坡晋江同乡会会长的舅祖父蔡世柑先生回到家乡，当得知我是他"这个家族"的第一个大学生时，特别高兴，给了我三千新币，作为我读师专的生活费。他鼓励我好好读书，以后回家乡好好教书，为晋江培养出更多的优秀人才。1989年我毕业后，牢记舅祖父的教诲，选择回家乡当一名人民教师。

当上教师后，我常想着以前教我的教师对我的影响，知道一个教师的言传身教对一个孩子的影响有多深。1989年当我被分配到侨声中学时，父亲很高兴，他语重心长地跟我说："我当过代课老师，老师责任大，你可别误人子弟。"父亲的一席话始终激励我要有责任与担当。从入职一路走来，我不计较工作报酬多与少，总是争取把事情做好。1996年我被调到南峰中学当校长，我去向在田间劳作的父亲辞别，父亲支持我，嘱咐我要认真做事，当个好校长。

后记：从教35载，善行弥坚定

父亲的话很朴素，但他传递给我的服务意识却深深地烙在我心头。今天他老人家已走了二十多年了，我始终遵循他的教诲，把做好教书育人的工作当作自己最大的责任。

热心教育事业的心也离不开家人的支持。儿子出生于侨声中学，出生后的第12天，我被调任薄弱的农村初中当副校长；儿子快周岁时，我又调任到一所新办的农村初中校当校长。我给儿子取名为"斯尘"，时时提醒自己如尘土无论飞到哪里都能把根扎下，都能滋养希望。后来儿子长大了，我们常相互激励，共同发展。而自我成家近30年来，爱人更是一路陪伴一路呵护，为我解除后顾之忧，让我在事业发展上脚步坚定，顺畅通达。

"我是革命的一块砖，哪里需要哪里搬"，二十八年的农村与乡镇学校管理生涯中，我先后担任金山中学副校长，南峰中学、永和中学、侨声中学（2016年4月—2018年2月，兼任潘径中学校长）、英林中学校长兼书记等职。职务在变，但初心不改，"扎根中国大地办教育"，特别是扎根农村与乡镇学校办教育，我义无反顾，只要在任一天，必将奋斗一天，乐此不疲！

二、践行初心，办学条件大改善

1980—1983年，我在侨声中学读初中时，中午吃饭以地瓜为主，每天早晚从家里到学校来回走很远的路，回到家还得干家务活儿。初三那年，我与高中的同学几十人挤在一间教室住。1989年是改革开放的第十二个年头，我以教师的身份踏入侨声中学，在党和政府的支持、海内外乡贤的捐助下，几座一层的教学楼拆建成三层的教学楼，其中一座取名为集成楼，另一座叫集贤楼，学校有了独立的实验图书综合楼，办学条件明显好转。

自1995年在我离开侨声中学后的十二年中，我任职的学校与侨声中学一样都发生了巨大变化。

乘着教育部在东部沿海地区巩固"两基"（基本实施九年义务教育和基本扫除青壮年文盲的简称）成果的东风，晋江教育界发扬"敢为天下先，爱拼才会赢"的晋江精神，在晋江市委市政府的领导下，为了普及九年义务教育，提升初中教育质量，把所有小学初中合一（俗称戴帽子）的学校全部分离，初中选址另行新建。仅在1996年这一年，晋江就新增八所初中校，我有幸成了其中一所——南峰中学的校长。这所学校所处地区是著名的石矿区，大多数的家长只有小学文化。记得我刚到任的第一年，交通安全问题是学校的头号威胁。该区域晴天尘土飞扬，雨天大路泥泞，不能行走。遇上雨天，我和爱人常要下来赤脚推着摩托车走。路上坑坑洼洼的，装载石头的车在路上颠着，石头常掉下来。曾经有位教师差点儿被掉下的石头压到。学校住宿条件也很差，教师们只能住教室，使用公共卫生间。时任市委书记的朱明同志来校视察时，我向他汇报学校情况，提到矿区孩子上下学的安全问题时，他立马与市镇有关部门联系：一是在学校建一座学生宿舍，减少孩子在路上的时间；二是要加紧修好校门口的路，保证学校周边的路通畅安全。早年为摆脱贫困到香港打拼的两位港胞一听家乡办起了中学，踊跃捐资，林金辉先生独资捐建一座教师宿舍楼，林文灿先生独资捐建一座实验图书综合楼。在党和政府的重视、乡贤的爱心资助下，这一所矿区学校的办学条件迅速得到改善。

2002年，我调任永和中学担任校长，它也刚从小学分离出来不久。1998—2002年，党和政府倡导新办或复办高中，让每一个乡镇都至少有一所完中。永和中学得以在1999年办起高中，2004年在省三级达标泉州市级评估反馈会上，专家组充分肯定学校教育

后记：从教35载，善行弥坚定

教学管理所取得的成绩，指出学校在硬件配置上与三级达标学校要求尚有距离。面对差距，时任镇党委书记的李自力同志当场拍胸脯表示："我们将加大投入，筹资一千万元来保证学校设施设备达到标准。"政府持续投入，再加上海内外乡贤校友的捐助，学校新建了师生宿舍楼各一座，综合实验楼一座，改造了图书馆，铺设了煤渣运动场。永和中学的发展只是晋江教育发展的一个缩影，如今晋江有八所省一级达标中学，其他公办学校都是省二级达标学校。在晋江教育快速发展的浪潮中，我的母校侨声中学也脱颖而出。

侨声中学在市镇党委政府的领导下，海内外乡贤校友持续捐资出力，几代侨声人向祖先要地，迁墓三万多个，征地一百多亩，新建了六座师生宿舍，体育馆（含室内游泳池）、教学楼、实验综合大楼各一座，扩建图书馆、建设了能举行国际比赛的运动场，被誉为"晋江教育的一面旗帜、一个窗口、一篇杰作"，母校的发展令我倍感荣耀。

2007年我又回到母校，接任侨声中学校长，学校进入了一个新的发展突破期，我感到压力倍增。当时从国家大局看，国家摆脱了2008年的世界金融风暴的影响，依然保持强劲的发展态势；党的十八大召开，尊师重教的氛围更浓，社会对办好人民满意的教育的要求更为迫切。为提升办学条件，学校投入一个多亿元，继续向北扩地三十四亩，对学校抗震度不够的建筑进行改扩建，改建三座教学楼、增建教师宿舍、学生宿舍、食堂各一座，改造了图书馆，还添置了先进的实验设备。2016年10月，学校迎来了建校六十周年华诞。为此我们举办了纪念活动，三千名校友代表、对侨声发展付出心血的海内外各界人士与近四千师生聚集一起，为有这样一座布局合理、设备设施先进的现代花园式的乡镇侨校而自豪。在纪念会上，我从黄书镇董事长手中接过海内外乡贤校友捐赠学校教育发展基金会的善款四千四百零八万元，此时侨声中学以家族或公司命名的教育基金已达十七个。

2018年2月，我调任英林中学任校长。英林中学也是一所有着近六十五年办学历史的学校，在2016年就晋级为省一级达标中学。同时，镇政府、英林心慈善基金会、英林中学校董会、校友总会又投入近一千五百万元用于改造校园与添置设备。随着学校的重新规划，新一期的建设工作如火如荼，预计到建校六十周年时，将筹资二亿一千万元来建设学校新项目，让英林展秀，让英中出彩。

三十五年来，我作为亲历者和见证者，深深地感受到了在不同的发展阶段，各级党委政府都把基础教育发展放在优先发展的地位。各级领导都有"功成不必在我"的胸襟，"功成必定有我"的情怀，倾情投教育，着眼在未来。

海内外乡贤们满怀深厚的家国情怀，无私地把支持家乡教育的发展放在重要位置，把捐资教育作为慈善事业的首选。我在担任侨声中学校长时，去拜访了许健康先生、陈明金先生、黄书镇先生等侨声中学知名校友，他们给我的荣誉里寄托着他们对母校培育的感恩之情。众多校友反哺之情，化作巨大的力量，成为推动学校发展的强大动力。

比肩侨声中学，英林中学乡贤校友的反哺之情一样不逊色。"英林心慈善基金"至今已募集善款三亿元，"英林心"支持的五个项目之首便是教育。在英林中学，既有校董会、校友总会，也有教育发发展基金会、校友总会奖教奖学基金会，历届董事会、基金会、校友总会及各届各地校友联谊会，海内外乡贤、校友都是支持英林中学发展的杰出代表。可以毫不夸张地说，改革开放后，先富起来的乡贤校友们对家乡教育有一种特别的责任与担当,乡贤校友文化在办人民满意的教育之中发挥着重要作用。

三、师者第一,持之以恒强师资

国家的发展根本在教育,教育的发展根本在于有一支业务精湛、师德高尚、乐于奉献的教师队伍。1989年,我被分配到侨声中学时,学校老师还十分紧缺。我一个人教六个班的政治,再加三个班的历史,同时又担任班主任,像我这样担负超工作与跨科跨年段教学的教师不在少数。

随着义务教育的普及、高中教育的发展,晋江市对教师的需求逐年增加,从1992年开始,晋江解渴式地大量引进外地教师,引进的教师与本地教师一切待遇相同。1995年前,晋江对外还没多大的吸引力,记得1994年,侨声中学的一位叫邱卫华的外地教师跨进侨声大门时,他拎起行李包反身想要回去,因为这所学校的环境与他所期望的学校大相径庭,让他无法接受。如今他已成为侨声中学元老级别的教师,讲起二十多年来侨声中学的变化,他如数家珍,充满自豪。

晋江的包容、开放、平等,让许多像邱老师一样的外地教师被接纳,融入晋江教育中,成为新晋江人,成为晋江教育发展的生力军。如今,在晋江的大多数学校中,外地教师占比超过一半。单在英林中学,籍贯不同的教师夫妻就超过四十对,他们把根深深地扎在了这块人杰地灵的热土,下定了把自己的职业生涯献给英林中学的决心。

如今晋江教育的发展,对教师的要求越来越高。新入职的公办教师大都是百里挑一,完中校的研究生教师占比达10%以上,且开始有博士生教师的加盟,教师队伍从量的扩容发展到质的提升。

教师入职门槛的提高恰恰反映出人民对教育的高要求，反映出晋江教育新的发展。

晋江教育除了把好教师入职之槛，更重视教师素养的提升。一个个教师培训与培养规划，让一批批名班主任名师名校长、一级级骨干教师学科带头人得到再培养、再提升。

在这二十八年的学校管理岗位上，每年我都有机会参加各级各类培训，每次培训都丰富着我的阅历，提高了管理现代学校的能力。如 2009 年秋季我在福州一中挂职半年，对我的校长职业生涯影响深远，当时写的挂职日记就超十万字，李迅校长所带领的福州一中团队的开放胸襟与用心引领，更让我达到一个新的教育境界，推动着我所在学校管理水平的提高。

四、提升质量，初心开花更结果

培养好一个学生，温暖着一个家庭，和谐着一方社会。教育质量的提高，是每一个教育工作者的不懈期许。我读小学时，同班同学有五十多位，能读到侨声初中的不到十人，当我读侨声初中时，一个年级有七个班，初中毕业后在侨声读高中的仅剩两个班一百多位同学。1986 年，我参加高考，大专及以上录取率全省不到 20%。我从小学到大专，同龄人中升学率呈几何级递减。我能读到大专，在同龄人中绝对算得上是幸运者。

随着国家把教育放在优先发展的战略位置政策的出台，再加上社会各界对教育的重视，各级别学校入学率快速提升。2007 年我回到侨声中学时，侨声中学的学生数已从 1995 年的一千二百多个学生，上升到近五千个学生。此外在侨声中学附近，政府还办起了一所有一千二百个学生规模的初中校。

如今的义务教育向幼儿园、高中延伸。2012 年，晋江在全省率先实行高中免学费。2014年，福建省放开户籍限制，允许户籍在外省的具有福建省三年学籍的学生参加福建高考。晋江善待每一位务工者的胸怀更显现，各省各族人民只要符合相关条件，孩子在晋江就读的待遇与本晋江人一律平等。在英林中学，2023义务教育阶段外地生的比例占56.5%以上，高中外地生的比例占45%。

从"不让一个孩子不因贫困而失学"基础教育的普及，到大学升学率的不断提升是办人民满意教育的具体体现。今年，晋江市高考本科率达70.50%，本一上线率在27.88%左右，英林中学本科上线率已达88.09%。

有教无类、因材施教，推行多样化办学，让生活在晋江的每个孩子都享受平等、优质的基础教育是新晋江的胸怀与气魄！在德、智、体、美、劳五育并举中，在普高与职业教育同步发展过程中，在推进信息化教育的进程中，晋江以问题为导向，精准发力，誓言把一样样教育工作都做好。

在三十多年的教学与管理生涯中，我深深地感受到党和政府的教育政策，从对县域巩固两基教育，到双高普九，再到教育强市，对教育的品质提升的促进。对学校的达标示范升级验收内涵外延的不断丰富，又让各级学校实现一次次的脱胎换骨。人民对教育的要求，推动着学校教育量与质的升华。

五、牢记使命，登高望远新格局

如何全面贯彻党和国家的教育方针，培养德、智、体、美、劳全面发展的社会主义建设者和接班人，是每一个教育工作者都要思考与实践的问题，我作为一个普通的教育工作者，也在不断探索和践行着。

1996年，我调任南峰中学校长。因是新办校，一张白纸更能描绘出美好的图景。经与服务区群众、老师的研讨交流，提出以"勤俭、礼爱、严实、拼搏"为校训，确定办学思路为高起点、严要求、齐推进、树典型、成特色，将六年规划，分两步走，把办成省示范校定为办学目标。

在全体师生的努力拼搏下，2002年南峰中学被评为福建省示范初中校，成为建校时间最短的省示范初中校。时任晋江市教委主任的邱奕淡同志称赞这一成绩为晋江教育发展的南峰现象，并提炼出"团结、奉献、开拓、超越"的南峰精神。

2002年，我调任永和中学校长。刚到这个学校，面临着一些问题，如优秀老师外调严重、生源外流严重、学校内外关系比较紧张等。这是一所复办不久的薄弱完中校。在经过半学期的调研基础上，学校"以培养可持续发展的人——十年后看我永中师生"为办学目标，确定自主、和谐、竞争、超越办学理念，借助2001年国家实施新课程改革，制定实施与新课程改革相配套的学校运行机制，引进以尊重生命、珍爱生命为核心的生命化教育课题实验。2005年，薄弱完中校成了省三级达标校，从永和中学初中毕业的学生在2006—2007年都有人考上清华大学、北京大学，学生个个有成长档案袋，学生各种活动丰富多彩，《语文报》还专版介绍永和中学学生"敢于挑战语文教材"的事例。

2007年，我调任侨声中学校长。我梳理了学校的办学思想，进一步凝练具有深刻地方与历史内涵的办学理念"仁和成功"，校训定为"勤诚礼爱"。在培养具有现代教养的学生的目标中注入与2006年启动的高中新课程相配套的内容，并与社会主义核心价值观更加吻合，提出打造具有教育智慧的教师队伍培养目标，构建温馨绿色智能化的书香乐园的校园建设目标，在全体教师的共同努力

后记：从教 35 载，善行弥坚定

下，学校继续保持稳定的发展态势，办学质量稳步提升，学生自主管理成为常态，三十四个学生社团稳定开展活动，科技、武术、足球、文学、国学、闽南语吟唱、舞蹈、游泳等学校特色品牌形成。

2016 年 4 月，侨声中学与农村校潘径中学实行集团化办学，我兼任潘径中学校长。这所学校有近四十年的办学历史，有自己的发展风格和较好的办学成效，但如今面临生源萎缩、优秀教师外流现象，办学经费也很有限。我与镇党委政府、服务区村两委与潘径中学教师、校友、乡贤反复沟通，沿着原有的办学思想，发挥侨声中学的辐射作用，致力于改善该校的办学条件。镇党委政府每年拨付一百万元，连续五年支持集团化学校建设，改造了运动场、大门，添置了许多设施设备，学生恢复到上千人，成为晋江市第二批通过省义务教育管理标准化的学校、省义务教育课改示范校培育校。

自 2018 年起，我担任英林中学校长。因应新高考改革，立足"商行天下，善行天下"的晋江商人文化特点，确立以"点燃颗颗英中心，成全济济英中才"为办学理念，建设"温馨智慧，书香韵味"的校园目标，完善"民主科学，有序高效"的办学机制，打造"仁智兼备，幸福高雅"的师资队伍，构建培养"善待自己，善行天下"的英中学生为目的善行教育办学思想体系，推行"4321"科学管理机制，推动学校依法治校、民主管理、有序高效、健康发展。

2018 年 5 月，教育部新高考改革实地考察专家组来校考察，给予学校高度肯定。如今的英林中学，正为师生提供尽可能多的发展平台，提供尽可能多的选择，并让学生学会选择，让不同学生的良好个性得到发展。不论身份，不论岗位，大家怀着一颗善心做善的事情、讲善的故事。

岁月如梭，往事如风，初心不改，育人为怀。不管六年的南峰中学，五年的永和中学，十年半的侨声中学，还是现任职的英林中学，若不经历一番风雨，又怎能见到彩虹？所有的苦随着时间的积淀，都泛化成教育神奇的传说，弥坚着奋进的斗志，我欣喜我经历的每一所学校，都成了晋江一道道亮丽的教育风景线。

"三寸粉笔，三尺讲台系国运；一颗丹心，一生秉烛铸民魂。"这是对教师的高度评价，也是对我的鞭策，我愿长期扎根中国乡镇教育，誓把丹心化光明，秉持光明照善行，为乡镇教育尽心尽力，与时代共起舞，与祖国共命运，为晋江添风采。